自信をもてる子が育つ

こども哲学

“考える力”を自然に引き出す

NPO法人こども哲学
おとな哲学アーダコーダ代表理事
川辺洋平

はじめに

本書は親子で「こども哲学」という取り組みにチャレンジした方々に話を聞き、まとめたものです。「こども哲学」って何をすればいいのか、親子でやってみるとどんな変化があるのかをお伝えしたくて筆を執ることにしました。

手に取ってくださったみなさんは「こども哲学」という言葉を聞いたことがないかもしれません。初めて聞く人を考慮し、最初にまず、親子でする「こども哲学」ってどんなものなんだろうということを、実体験をもとに書いてみたいと思います。

本書では、3歳から小学生の子どもを「こども哲学」の対象年齢として想定しています。それよりも年齢が低い子どもは、言葉によらず世界を全身で哲学しているので、保護者が一緒に哲学するのに、言葉を必要としないと私が考えているからです。逆に小学生よりも年齢が上の子どもは、私にとって、ひとりの大人であるように感じられるので、このような対象年齢としています。

それから、私自身がどんなふうに「こども哲学」とかかわるようになったのか、この5年間で保護者として、どんなことを感じながら「こども哲学」に取り組んできたかについても、少しだけ紹介したいと思います。

そのことがきっと、本書の中に出てくるインタビューを理解するのに役立つのではないかと思うからです。

6章には、「こども哲学」に関する書籍をいくつも執筆されている立教大学の河野哲也教授との対話を載せました。河野先生は主に教育現場における「こども哲学」が、思考力や対話力を伸ばすという趣旨で書籍を執筆されています。

今回は学校ではなく、子育ての中で「こども哲学」をすることの意義について、台本なしのライブ対話を収録しました。

「こども哲学」は、TV番組になったり、有名小学校や私立中学校・高等学校で教科として導入されたり、国際バカロレアのプログラムにある「哲学」との関連性で語られたりと、教育プログラムとしての側面にスポットがあたり、これまでたくさんの関連書籍が執筆されてきました。

そうした書籍の中には、「哲学的な問い」が目次になって紹介されている小学生向けのもの、その「手法」がまとめられたもの、道徳の教科書の中で哲学対話を紹介しているものもあります。学校の中で哲学対話に取り組んだ「成果」がまとめられた実践報告も書籍として刊行されました。

学校の先生たちにとっては、ようやく「こども哲学」を学校や保育の現場で実践できる環境が整ってきたぞ、と思える時代に突入したのではないかと思います。ただし、本書はそうした学校現場の哲学ではありません。

私自身、今でも、我が子と哲学することが一番楽しいです。うちの子と哲学してみたいな、と思っている保護者は多いのではないでしょうか？　自分の娘たちと、ルールにしばられなくても、円になって座らなくても、あるとき突然、哲学が始まる日常が幸せです。もちろん、哲学に出会うことで、哲学が好きだということに気づく子どもや大人が増えてくれたらとも願っています。

本書が、子どもと哲学するなんて面白そう！　と目を輝かせる大人のために、そして、哲学に出会ってよかった！　といつか思い出してくれるような子どものために、お役に立てば幸いです。

もくじ

1章 娘の意見を尊重できるようになった

——筆者・川辺洋平の場合

2章 息子が考えていることを知りたい！

――池田崇さんの場合

3章 「頭でっかち」だった私が変わった
――黒木明日丘さんの場合

4章 哲学は生きるために必要なものだと思う

――高口陽子さんの場合

5章 「子どもが見る世界」を覗けるようになった

――安本志帆さんの場合

6章 真の思考力はやってみようという「試行力」
——河野哲也教授との哲学対話

イラスト　川辺洋平

1章

娘の意見を尊重できるようになった

——筆者・川辺洋平の場合

「こども哲学」ってなんですか？

「こども哲学」という言葉、初めて聞く人もいるかもしれません。親子でする「こども哲学」は、ひらたくいうと「一緒に考えよう」という遊びです。遊びなので、いくつかのルールがあります。

でも、ジャンケンが地方によって違うように、このルールじゃないとだめ、というものではありません。参考までにNPO法人こども哲学・おとな哲学アーダコーダで紹介している5つのルールを書いておきます。

ルール

・ひとが話しているときはきく
・相手が考えているときは待つ
・自分の思ったことを言う

・ひとの嫌がることをしない
・何も言わなくてもいい

こうしたルールを守ることで、「ちゃんと聞いてもらえる」「ゆっくり考えても待ってもらえる」「何を言っても怒られない」「ひどいことをされない」「何も言わなくても怒られない」という安心感を得ることができ、考えることの楽しさを感じられるようになります。

小学生は未就学児に比べて発言に勢いがあり、また自分が考えていることが正解なんだということを証明したい気持ちが高まるので、「意見は変わってもいい」とか「ゆったり考える」など、ルールを追加することで調整をかけます。

ルールは絶対？

5つのルールをいきなり伝えても、伝わりきらないどころか、逆にルールを守らなかったらどうなるのかと子どもを緊張させてしまうケースもあります。ルールは言葉で伝えずに、必要に応じて大人が「それはやめてほしい」というニュアンスを伝えるだけでも、子どもは敏感に察知するので十分です。あるいは子どもの特性にあわせて、明らかに最初から伝えておいたほうがいいと思うルールだけにしぼって伝えるのもよいかもしれません。

さて、ルール説明はこのくらいにして、次は「こども哲学」のやり方です。

「こども哲学」のやり方

やり方、といっても決して難しいものではありません。基本的には、話し合いです。ただし、ディベートのように相手を言い負かすのではなく、いろいろな考えを認めます。また、みんな考え方が違って面白いね、と終わらず、相手の意見にわからないところがあれば「どうして？　どんなときにそう思うの？」などと質問するところが特徴です。

三、四人から十人くらいのグループで、話し合ってみたいテーマを考えるところからスタートしましょう。

最終的にひとつの結論が出る必要はなく、三十分なら三十分と時間を決めて、終わりの時間になったら終了です。

円形になったりイスに座らなくていいの？

よく何人かの子どもたちが丸くなって座って話す様子を「こども哲学」だとして紹介することがありますが、必ずしも丸くなって座る必要もありません。丸くなって座る理由は、お互いの顔が見え、誰が何を言っているかがわかる「相互理解」や「安心感」を提供するため。

でも、親子で哲学をする場合、子どもたちは密着したがるし、ふらふらゴロゴロしたがるものです。無理に引き離したり立ち歩くことを叱ったりせず、自由な姿を許容してしまいましょう！

イスを使うかどうかは、環境によって臨機応変に対応することをおすすめします。たとえば未就学児では、用意されたイスが高くて足が床に届かない場合、足をブラブラさせて落ち着かない雰囲気になってしまうことも。イスの背もたれによりかかりすぎて後ろにバッターン！　という珍事もしばしば。

イスに座っているよりも、床でゴロゴロしたり、立ち歩いたりするほうが、人の意見を聞いたり、じっくり考えたりしやすい子どももいます。畳やカーペットなど、イスがなくても床に座って過ごせる環境があれば、それに越したことはないと思います。

何について話せばいいの？

次に、何について話すかですが、「話したいことを話す」ということでかまいません。何について話そうかというお題を決めるところから、すでに「こども哲学」は始まっています。

たとえば「こども哲学」を大人同士でするイベントは、「哲学カフェ」と呼ばれることが多いのですが、やっぱりそこでも同じです。テーマが決まっている哲学カフェに、興味がある人が集まることもあります。

また、集まった人同士で今日は何について話そうかと話し合ってテーマを決めたりします。テーマを決めるだけで哲学対話の時間が終わってしまうこともしばしば。いずれにしても、「話したいテーマ」であることは哲学にとって大切です。だからこどもの哲学だって、「話したいことを話す」でいいんです。

テーマを決めるきっかけとして、探索したり、絵を見たり、本を読んだりといった共通の経験をすることをおすすめします。「なんでこうなってるの？」「あれはなに？」と子どもから問いが出てくることは、みなさんもご想像のとおりです。

さっそく親子2人でやってみよう

子どもと一緒に哲学をすると、今まさに視界の中にあるものからインスピレーションを受けて「○○について話したい」と言います。

何について、という表現が子どもにとって難しければ、その子がわかりやすいような表現で聞いてみるところから始めましょう。例として、3歳の子どもとその保護者のやりとりをみてみましょう。

保護者「お話しようよ」
子ども「いいよ」
保護者「何について話したい？」
子ども「んー」
保護者「……（待つ）」
子ども「でんしゃ」
保護者「でんしゃかぁ。いいね」
子ども「○○ちゃん、でんしゃもってる」
～すたすたと電車のおもちゃをとって戻ってくる～
保護者「そうだね、電車もってるね」
子ども「びゅーんてはしるの」
保護者「そうだね」
子ども「……（もうオモチャに夢中）」

最初は、こんな感じです。30分どころか、30秒で対話が終わりました。哲学を愛とか死とか、人生の意義について語るようなものだと思っている人がこれを聞いても、とても哲学だと思えないでしょう。だって、もう家でイヤというほど繰り返してきていることだからです。「こんな会話が哲学なら、わたしもう哲学してる！」そう思ってもらいたいのです。

この例では、子どもが自らの関心を保護者に共有し、子どもなりの最近の研究成果を披露しています。保護者は「電車の何に興味があるの?」「どうして電車について話したいの?」「電車以外に興味はないの?」などと、子どもの関心を掘り下げるのではなく、まず子どもの伝えようとしていることを受け止めようとしています。

哲学の基礎は、探究にあります。その探究は必ずしも、言葉による活動ではありません。例に挙げた子どもは、「でんしゃ」に興味があるでしょう。ひょっとしたら、電車のオモチャで、擬似的に電車を追体験できるのだという「発見」をしているのかもしれません。

あるいは「これが、はしるっていうことなんだよ!」という言葉と動作のつながりを楽しんでいるのかもしれません。
そうかぁ、とまず受け止める。これが「こども哲学」の第一歩です。

問いのスイッチは環境の中にある

ではもうひとつ、例をみてみましょう。

保護者「……（おりがみを置いておく）」
子ども「これなに？」
保護者「おりがみだよ」
子ども「……（もうおりがみをさわっている）」
保護者「……（1枚とって三角に折る）」
子ども「なに？」
保護者「さんかくだよ」

子ども「……（無作為に折り始める）」
保護者「それなに？」
子ども「……さんかく」
保護者「なるほど〜」

先ほどの例だと、「お話ししよう」と声をかけましたが、今回は保護者がおりがみを置いただけで、「問い」が生まれました。

おりがみは、絵を描くこともできるし、並べることもできるし、ハサミで切ることもできれば、折って遊ぶこともできますね（まるめて投げることだって！）。今回の例では、保護者が問い詰めるのではなく、おりがみを置きました。そんな保護者に、子どもが問いを投げかけています。

子どもが投げかけた「これなに？」という質問は、本当に「物体の名称」を聞いているのでしょうか。これがおりがみだ、ということはもう百も承知の子どもかもしれませんよね。

それでも「これなに？」とあえて質問したなら、そこには文字通りの意味そのものを超えた問いが含まれている可能性があるでしょう。つまり「これは、触ってもいいのかな?」「これは、どうしてここにあるのかな?」そんな好奇心が子どもなりの言葉遣いで「これなに?」という表現としてあらわれているように感じ取れるやりとりです。

遊びたい! という好奇心のスイッチが言葉がけでなく、「おりがみが置いてある環境」をつくることでオンになっています。

さらに素晴らしいのは、子どもが折った無造作なおりがみを「さんかく」として認めるということではないでしょうか。保護者の考える「さんかく」以外は、さんかくではないとしたら、きっと「さんかくっていうのは、こうやって折るんだよ」と教えたくなるでしょう。

でも、もし子どもがしたかったことが、正しいさんかくを折ることではなく、保護者と同じことにチャレンジすることだったとしたらどうでしょうか。

「……さんかく」という子どもの言葉のためらいに、保護者のさんかくとちがうことはわかっているけど、これもさんかくなんだよ、という気持ちがあふれているように感じられます。

保護者は自分自身が折ったさんかくとは違うものを、さんかくだと主張する小さな哲学者の考え方を「なるほど～」と受け止めています。だって、保護者の折ったさんかくを見た子どもが「さんかく」という言葉は、「紙を手でまげることだ」と思ったのだとしたら、あなたの想像している「さんかく」は子どもが理解している「さんかく」と違うのです。

この例では、保護者は、子どもの言葉のままに、「さんかく」なのかぁ、と受け止めています。

「こども哲学」の入口は受け止めること

「こども哲学」という言葉からは、全く想像もつかないような2つの例だったのではないでしょうか。知っているけど教えない、というわけではないんです。

「こども哲学」の入口は、受け止めることです。子どもが言ってること、やっていることの奥にある、本当に伝えようとしていることは何かな？　どうしてその表現になったのかな？　と保護者が思いを巡らせることです。

親子だけで「こども哲学」をするということの始まりは、遊びそのもの、暮らしそのものです。いつもの当たり前を、哲学というフィルターを通して見直すだけで、こんなにも豊かなやりとりだったのか、と気がつくきっかけになるのが、親子で楽しむメリットだと私なりに感じています。

日々忙しく過ごしている保護者の前には、哲学の種がゴロゴロ転がっています。でも、それをひとつひとつ拾い上げていたら夕食の準備もできないし、洗濯物もたためません。ときどき、「哲学メガネ」をかけてみることで、子どもの表現の裏側にある豊かな表現に思いをはせられたら、それが「こども哲学」と名前をつけなくても、素晴らしいことなのではないかと思います。

親子で哲学対話をする楽しさを感じられるようになったら、次は近所のお友達や、仲のいい家族同士でチャレンジしてみましょう。

筆者自身はどうなのか

ここまでは、「こども哲学」の方法、内容について取り扱ってきました。しかし、理屈ではわかっていても、実践するのはなかなか難しいものです。エラそうに解説している私が本当にできているか、というところもまた大切なことではないでしょうか。

ここでは私自身が「こども哲学」に出会ってからのこの5年、どのように実践をし、失敗を重ね、今どのようなスタイルで「こども哲学」をしているかについて書いておきたいと思います。

私が「こども哲学」を知ったのは、2013年の6月でした。『ちいさな哲学者たち』(仏、日本公開2011年)という映画を見て、いつか自分の子どもと哲学してみたいなぁと思ったのが2011年。映画を観た頃は2歳だった娘が、4歳になり、幼稚園に通うようになって、「あの映画でやっていたことって、自宅でもできるかな」と興味をもちました。

そこで、インターネットで検索してみるとアメリカやイギリスでは「Philosophy for Children」だとか、「Philosophy with Children」だとか、呼ばれている活動だということがわかりました。さっそく詳しそうなハワイ大学のトマス・ジャクソン教授のメールアドレスをハワイ大学公式サイトから見つけ出してきて、「やり方や教材がほしい」と連絡しました。

きっと返事もいただけないだろうなぁ、と思っていたら、連絡をしてから数時間後に、ジャクソン先生からメールが返ってきました。「日本にはこども哲学の研究者が何人もいるから、そこに連絡して！　グッドラック！」と書かれていたのです。

メールには新潟大学の豊田光世先生をはじめとする、日本で以前から「こどもの哲学」を研究している人たちのメールアドレスが宛先に（！）書かれており、私は何もわからないまま、ひとりの父親としての関心だけで、名だたる先生方にメールを送りつけ、突然の連絡をあやまりながら、「こども哲学」のやり方をどうやって学べばいいかとアドバイスを求めました。

そうやって多くの哲学者に会う中で、研究室にまで招いてくださったのが、今一緒にＮＰＯ法人アーダコーダを運営している、立教大学の河野《こうの》哲也先生でした。

娘との「質問ゲーム」が始まった

さらに、なんと連絡をとった翌週、東京大学で、ジャクソン先生のいるハワイ州で「こども哲学」を実践している学校現場の先生たちが、そのノウハウや実績について話をするワークショップがあるということがわかったのです。

これは運命だ、と思って、生まれて初めて東京大学（！）でワークショップに参加しました。

ワークショップではたくさんのことを学びました。ハワイの公立学校では校訓に「哲学者になれ」と書かれるほど哲学が浸透していること。ハワイの公立高校では、哲学をするようになって、お互いのことを理解し合えるようになり、校内暴力の数が減ったこと。そしてハワイの哲学対話では、毛糸玉を使って、発言する人を可視化するということ。毛糸玉は子どもたちと一緒に作ることで、みんなで作ったボールを使うことによる一体感、自分ごと化を促すこと――。

でも自宅に帰るまで、私の心の中は半信半疑でした。実際にこのワークショップで作った毛糸玉を使って、自分の娘が一緒に哲学をしてくれるだろうか。どうやって話しかけたら、〝映画で見たような〟哲学的な話をしてくれるだろうか。僕は哲学が好きだから楽しめるけど、子どもにとっては保護者につきあわされるつらい時間になったりしないだろうか。おしゃべりと哲学はどう違うのか――。

頭の中はハテナだらけ。自宅に毛糸のボールを持って帰って、悩みに悩んでいた僕に、娘が「そのボール、なに?」と質問しました。

「これはね、ボールを持ってる人が質問するんだよ。質問した人は、こたえてほしい人にボールを渡すの。やってみる?」

気がつけば親子2人でどうやって「こども哲学」をしたらいいか、わからないままに、そんな質問ゲームとして、娘に紹介していました。

ソファではさっそく、質問ゲームが始まりました。「好きな食べ物はなんですか?」「カレーです」「何色が好きですか?」「水色!」「あれ、ピンクじゃなかったんだ?」「うん!」というように。

その日は、ふーん、という感じで終わった質問ゲーム。それ以来、どこかに出かけるときに、娘がボールを持って電車に乗ったり、車に乗ったりするようになりました。退屈しのぎに、質問ゲームがしたいと思ったらしいのです。

私は、まさか子どものほうからボールを持ち出して、楽しんでくれるとは思っていなかったので驚きました。きっと、家に帰っても仕事のことで頭がいっぱいのサラリーマンだった私が、娘の話をちゃんと聞いたことが、娘にとっては嬉しかったのだろうと今は思います。

「こども哲学」が自宅から地域に広がった

質問ゲームは徐々に、「はい&いいえゲーム」になりました。ボールを持った人が頭の中になにかを思い浮かべます。それがなんなのかを、家族が質問をして当てるゲームです。「赤いですか?」「はい」「食べ物ですか?」「はい」「うちにあるもの?」「はい」「リンゴ?」「あたり!」というように。これは長女が4歳、5歳の頃の定番の遊びになりました。お互いに質問をし合うことは、楽しいことなんだ、と思ってくれたことが嬉しかったです。

ある夜、「子どもたちと自宅で哲学をしているんですよ。哲学というか、質問ゲームだけど」と地域に住むパパ友に話したら、地域でも「こども哲学」をしてみよう、ということになりました。

その後は、地域の小学校でやってほしい、というリクエストを受け、あれよあれよという間に誰でも「こども哲学」ができるような「講座」を開く非営利団体をつくることになり、自分の子どもを含めた地元の子ども達と「こども哲学教室」をやってみようということになりました。きっと、私以外の多くの人が、前から興味がある活動だったのでしょう。

「こども哲学教室」ができていく過程は、映画『こども哲学〜アーダコーダのじかん〜』として、映画館で上映されるドキュメンタリー作品となり、現在はYoutubeでも無料公開されています。

この「こども哲学教室」は今も、神奈川県逗子市で運営しています。「こども哲学」って、習い事なのかな？　というところが私にはまだわかりません。大人も楽しいし、子どもたちも楽しいのだから、遊んでいる感覚に近いよなぁと思って、無料でやっています。一緒にカラオケに行く友達から、参加費をとることがないような気分です。

ただ、最近は子どもたちの希望もあって野外で活動することも増え、中には危険を伴う火器を使った活動なども出てきたので、安全を確保する大人の責任として、参加費を取って安全には気を配るなど、形式を変えていかないといけないな、と考えているところです。

娘に対して怒りっぽかった

親子で「こども哲学」をしていた頃は、毛糸のボールを使ってやりとりしていました。地域の子どもたちと哲学するようになってからも、しばらくは毛糸のボールを使って、しかも円になって座って、哲学対話をしていました。

でも今は、円になって座ることも、ボールを使って対話することも減ってきました。それは、子どもたち同士がお互いのことを待てるようになったこと、顔を見なくても、誰が何を言っている、と声だけでも判断できるほどに安心できる関係を築いてきたことの表れです。

結局のところ、子どもたちが安心して、言いたいことを言い、お互いの言い分を聞き合える関係ができているなら、「こども哲学」の方法論なんて、どうでもいいんじゃないかな、というふうに、今は思っています。

それから、もうひとつ、大きな変化がありました。それは、僕自身が変わったということです。

娘と「こども哲学」をするまでは、私は保護者として怒りっぽいばかりか、言ってもわからないときは、子どものお尻をペンペン叩いたり、頬をつねったりすることもありました。大きな声で怒ったり、机を叩いて脅すこともありました。

中には、そんなことしつけとして当たり前だと思う方もいるかもしれません。でも、娘と対等に話すようになって、「おしりを叩くのはやめてほしい」「ほっぺをつねるのもダメ」「夜寝ないからって怖い話をするのもダメ」など、娘が嫌だと思っていることはしちゃいけないんだな、と思うようになりました。

相手の伝えようとしていること、したいと思っていることはどんなことかな、とまず子どもに合わせることが、私はできていませんでした。でも、「こども哲学」に出会って、暴力をふるうのではなく、娘にも意思があるということを尊重できるようになった気がします。

対話による解決までは至らなくても、まずは相手の意思を知ろうとすること。それが私の学んだことです。きっとこれって、世界平和にもつながっているんじゃないかなとも、ひそかに思っています。

私自身のことについて、少し書きすぎてしまったでしょうか。私以外の「こども哲学」にかかわった保護者は、こども哲学に参加して、いったいどう思っているのでしょうか。

次章から、さっそくそんな保護者の声に耳を傾けてみたいと思います。

自分で「こども哲学」を地域に広げている人、自分ではやっていないけど、親子で「こども哲学教室」に通っている人、そんな人たちの声を、筆者自ら実際に街に出て聞いてみました。

2章

息子が考えていることを知りたい！

——池田崇さんの場合

池田さんは……

――男の子2人を育てるパパ、池田さんは仕事が忙しく、なかなか子どもとの時間がとれません。パパも子どもも楽しめる時間を過ごす方法として、地域の活動に参加するようになりました。地域での活動を通じて出会ったカフェで「哲学カフェ」と呼ばれる大人の集まりがあることを知り、やがて子どもと哲学がしたいと思うようになったそうです。

池田さんは子ども同士が哲学する場所が都内にあると聞いて、東京都練馬区の「ねこてつ」に親子で参加するようになりました。参加した帰り道、息子が「真剣に話しても笑われないのがいい」「楽しかった」と言ってくれたことをきっかけに「こどものための哲学対話」を自分の住んでいる埼玉県和光市でもやろうと決心したそうです。

池田さんは現在、自分の息子を含む地域の子どもたちと哲学対話をやってみて1年。子どもたちだけでなく、池田さん自身にも変化があったそうです。子どもの話を「なんでだろう」と疑問をもって丁寧に聞くようになり、子どもが予期せぬ行動をとったときでも、頭ごなしに叱るのではなく、どうしてそうするのか、と対話する姿勢が身についたのだとか。じっくり話を聞いてみました。

忙しくて、子どもとの時間がとれない

池田　「こども哲学」に出会うずっと前の話ですけど、幼稚園に入る前は人見知りの激しかった長男が、幼稚園に上がって友達ができたら活発な子になったんです。僕からしたら、突然活発な子どもになったという感じです。

というのも、長男が幼稚園に上がった頃、仕事がすさまじく忙しくて。日中はもちろん夜もなかなか子どもに会えなかったんです。

川辺　久々に会うと、息子さんがめちゃめちゃ変化しているわけですね。

池田　そうです（笑）。まぁ、妻は「忙しいときって重なるからしょうがないよね」っ

て言ってくれて、あの頃を思い出すと今でも本当に感謝しかないんですが、そんな日常がずっと続いて。

やがて、次男も生まれたんですが、相変わらず僕は仕事を優先する日々が続いていました。そんなある日、長男がマイコプラズマにかかった上に、次男も体調を崩して病院に行き、二人同時に入院してしまったときがあったんですね。

川辺　おお、二人同時に入院は大変ですね……。

池田　そうなんです。合併症になったりしないように子どもは隔離しなくちゃいけなくて、家内と僕とで分担して看病しなくちゃいけない状況だったはずですが、今思い出すと本当に申し訳ないんですが、僕は子どもを置いて仕事に行っちゃったんですね。

川辺　お気の毒というか、なんというか、家族より仕事を優先せざるを得なかったんでしょうね。

池田　どうでしょうね。けれども、そのことをきっかけに、家族を放っておいて仕事に没頭していた自分を反省しました。子どものことも、家族のことも、全然見ていなかったなって。

でも子どもに合わせる遊びだったり、どこかに連れていくみたいなのは自分にはあまり楽しいと思えなくて。

それで、どうしよう、今から何ができるだろう、と思ったときに、仕事以外を含めて自分が行くところに子どもたちを連れていこうと思ったんですよ。

川辺　お、なんだかちょっと子どもとのかかわりが変わったんですね。

池田　そうですね。息子たちが通っている小学校で「おやじの会」というのがありまして、そんな会の人と話をしたときにも、息子を連れて参加したいと言ってみたりしました。すると、「大人の集まりにも、子どもをどんどん連れてこい」と言ってくださったんです。

たとえばお祭りの準備があって、お祭りで何を売るか、価格はどういうふうに付けるのか、そんなことを話し合う場でも子どもを連れてきてもいい、飲み会にだって連れてきてかまわないと言ってくださったんです。子どもたちは誰かが見てあげられるからとにかく連れてこい、ということだったんですね。

僕も息子たちがおやじたちの顔を覚えて、なついてくれたら嬉しいし、どんどん連れてこいって言ってくれたんです。

川辺　おやじの会をきっかけに、子どもを自分の活動に連れて行くことで、子どもに合わせるだけじゃなくて、自分としても子どもと折り合いをつけながら過ごす時間をつくれるようになったわけですね。

池田 はい。それで、そのおやじの会で知り合った方から、市民祭りを企画しようと思っているんだけど、一緒にやってみませんかと言われたんですね。

川辺 学校とは別に、ですね。

池田 そうです。「それは面白そうですね」と僕も企画に関わるようになったんですが、地域のお祭りを企画してみたら、合唱団、ウクレレ奏者、フラダンサー、いろんな人が祭りに出てくれました。

地域にこんなに面白い人がいっぱいいたのか、ってくらい出ていましたよ。地域のお店ですごく個性的な運営をしているベーグル屋さんであったりとか、お弁当屋さんであったりとかが出店してくれることになったんです。

川辺 その感覚、わかる気がします。サラリーマンとして、遠くの会社で日々働いているお父さんが地域の活動に関わってみると、全然違う世界が広がっているんですよね。こんなに面白い人がいっぱいいたんだなぁ、って。

きっかけは祭りの打ち上げ

池田　まさにそんな感じです。その後、祭りの打ち上げはアルコイリスというカフェでやりました。

するると、その店には個性的な本棚があって、『怠ける権利』というマニアックな本を見つけたんです。その本は、怠ける権利の重要性を説明しているもので、僕も昔、たまたま読んだことがあって、ここにもこんなマニアックな本を読んだやつがいるのか！と思って、感動したんです。

それで、店のオーナーに、「この本、読んだの?」って聞いたら、「いや、私じゃなくて、もうひとり一緒に経営している人が持ってる本なんですよ」と言われて、「じゃあ、今度会わせてくれ」っていって、実際にその彼と話をしたら、お互いに「世の中に、こんな本を読んだ人が自分以外にいたんだ」みたいな話になって。

川辺　なんかもう、哲学っぽいにおいが漂ってきましたね（笑）。

池田　そうそう、その人と出会って、意気投合しちゃって、ですね。哲学カフェをやってみませんか、って誘われたんです。なんだかわからないけど面白そうだったので、それはどういうものなのかと聞いてみたら、ひとつの問いについて、対話をしながら、議論を深めていく場だということだったんですね。ただし、結論は出しません、とか。

正直、言葉で説明されても今ひとつピンと来なくて、とりあえずやってみようということで始めたんです。

川辺　じゃあ、大人同士の哲学カフェ体験が最初の哲学対話だったんですね。

池田　そうです。で、うちの家内に話してみたら、びっくりなことに家内のほうが、哲学カフェの存在を知っていて、「おもしろいよ、それ」と言うんですね。それじゃあってことで、家内と僕の2人で哲学カフェに行って、何回か大人同士の哲学対話ってものをやってみたんです。

川辺　奥さんが知ってたんですね。すごいなぁ。僕は大人同士の哲学対話はあんまりやらないので、わからないですが、どう感じましたか。

池田　うーん、哲学カフェっていうのは、哲学の部分もあるんだけれども、話し合うことが肝心なんです。

僕なりの解釈ですが、相手に興味関心を持つことによって、相手を尊重するというか。相手に対する興味関心がないと、やっぱり人ってばらばらになるし。世の中もおかしくなってくるでしょう。哲学カフェには、そういう問題に対する解決策の意味合いもあるのかなと思いました。

川辺　そこは「こども哲学」と変わらないですね。

池田　そうですよ。で、その哲学カフェで、たまたま、『ちいさな哲学者たち』っていう映画を鑑賞するイベントをやって……。

川辺　やっぱりあの映画！　僕もあれを見て、哲学対話に興味を持ったんです。

池田　そうだったんですか。その映画を見て、子どもと哲学したらどうなるんだろう、って興味を持ったんです。大人同士の哲学カフェはもちろん、僕にとってとても楽しい経験だったし、もしかしたらそこに子どもも参加したら、楽しいかもしれないと思ったんですね。

川辺　「自分のやりたいことに子どもを巻き込んじゃえ」の精神が発揮された！

自分の子どもが何を考えているのか知りたい

池田　それで、もうとにかく「こども哲学」をやってみようと決心したんですが、どうやったらいいのか、全然わからなくて。理論的にはこうやってああやって、っていうのも大事なんだけど、現場ではどうやってるんだろう、って。それで、息子たちを連れて、「ねこてつ」という東京の練馬にある「こども哲学」に参加してみました。

川辺　「ねこてつ」へ連れていこうと思った、そのときの欲求っていうのは、何だったと思いますか。

池田　もう純粋に、ちょっと幼稚な表現になるんですけど、息子たちと一緒に哲学カフェに行ったら単純に面白いんじゃないかなって思ったんです。映画を見に行くような感じというか、あとで感想が言い合いたくなるような、そんな時間になるのではないかという期待がありました。

最初から「こども哲学」が議論の練習になるとか、教育上望ましいとか、そういうことはまったく重視していませんでした。純粋に対話というか、話し合いというか。とにかく人と話をしていくこと、人の話を聞くことによって、逆に自分と向き合うみたいな機会が、読書以外にもあるというところに意味があるんじゃないかと思ったんです。

川辺　そうなんですね。子どもが何か面白いことを言うんじゃないかとか、子どもの思考力を伸ばすとか、そういうことには興味はなかったんですか。

池田　あぁ、でも「息子たちって、何考えてんだろう」っていうのを純粋に聞きたかったっていうのはあります。

その頃は仕事人間だった僕も反省して、息子たちと普段からいろんな話をしていたと思うんですけど、でも一緒に暮らしていて、ひとつの問いについて、徹底的に議論することってなかなかないんです。だから、息子たちとそれをしてみたかったっていうのはあります。

川辺　今思うと、どうして、息子さんの話を聞いてみたかったんだと思いますか。

池田　言葉って何なんだろうとか、幸せって何なんだろうとか、そういうことについて、僕自身も興味があったんだと思います。実は、「ねこてつ」に参加する前だったと思うんですが、「死」について一度、長男と話をしたことがあって。

川辺　それはたまたま？

池田　たまたま。「死ぬって何？」みたいな話をしたんですよ。

川辺　楽しそう！

池田　子育てしていたら、割とそういうのってあるんだろうなと思うんですが、「何で人は死んじゃうの？」みたいな話をしたときに、ああだ、こうだって話をしたんですよ。で、僕はそれがすごく面白かったんですよね。

川辺　なにかきっかけがあったんですか？

池田　ざっくり言うと、身内が亡くなったんです。「死んじゃうって何？」と聞かれて、僕は「死んじゃうって動かなくなることだよ」って教えてあげると、「何で死んじゃうの？」「死んだらどこに行くの？」という話になって。「そうだね、死んだらどこに行くかっていうのは、いろんな考え方があるんだけどね、お父さんはこう思うよ」と言いました。
　でもよく考えてみると、「どうして人は死ぬのか？」「死んだらどこに行くのか？」という問いは、結局はよくわからないんですね。

川辺　たしかに。

池田　しかもそれを息子に伝えると、「何でわかんないの？」という質問が返ってくる。そう聞かれると、僕も困ってしまうのですが、そんな話を1、2時間ぐらいしていたら、面白かったんです。しかも「ねこてつ」について調べていたら、前回の活動レポートに「死」について対話したって書いてあったんです。それで、これは面白そうだぞ、と。

川辺　死について対話してもいいんだったら、家で俺が息子とやってた会話と同じだぞ、と思えたわけですね。

池田　ぶっちゃけて言うと、「もう息子とやってるぞ」とも感じたんです。家での経験があったので、想像できた。でも、複数人でやるとどうなるんだろう、っていうのは全然想像できなかったし、哲学的って結局どういうことになるんだろう、っていうのもわからなくて。

川辺　あんな日常会話が哲学なのか、それともやっぱり「ねこてつ」に参加してみたら、哲学らしさが感じられるんだろうか、っていうところでしょうか。

池田　そうそう。僕は学生時代に法哲学を勉強していたんです。だから、自分の知っていた哲学と哲学カフェはなんか違う。「この違いは何なんだ！」というところには興味がありました。だから、哲学カフェに出会ったり、こども哲学に出会って、哲学という言葉のイメージがちょっと変わりました。

僕は大人の中に子どもが混じって一緒に哲学するイメージでいたんですけど、「ねこてつ」の高口《こうぐち》さん（4章参照）と会ってうちの息子たちも実際に子ども同士の哲学対話に参加してみたら、息子たちのほうから「大人よりも子ども同士で対話したい」という感想が返ってきたんですね「面白かった」「一生懸命話してもバカにされないのがよかった」って言うんです。

川辺 バカにされないっていうのは、息子さんたちから出てきたんですか。

池田 そうなんですよ。「ねこてつ」にすさまじくハマったようでした。帰りの車の中では、「友達っていうのはさ」みたいな話をずっとしてて。よっぽど対話が面白かったんでしょうね。

自分でやってみたら盛り上がった

川辺 「ねこてつ」に行って、息子たちの知った哲学は面白いもの、だったわけですね。

それで池田さんも「こども哲学」をやってみようと決心したのはいつでしたか。

池田　「ねこてつ」に通うようになったのと同時です。2017年の5月から、「こてつ」という名前でスタートしました。

川辺　ご自身でやってみて、どうでしたか？　盛り上がりました？

池田　盛り上がりました。面白かったです。

川辺　どんな年齢の子どもが集まるんでしょうか。

池田　小学校低学年が10名だったかな。で、高学年も10名ぐらいです。

川辺　ということはトータル20名も来たんですね。それはすごい。

池田　はい、びっくりしました。新聞に紹介されちゃったんですよ、初日の様子が。

川辺　新聞に載ったんですか！　すごいなぁ。参加費はかかるんですか。

池田　参加費はもらっています。無料にするのか、それともお金を取るのかということについては議論はしたんです。でもやっぱり場所代とか、安全面とかいろいろ考えて、お金をいただくことにしました。

お金をいただくわけですから、その分、僕らの責任にもつながるはずです。僕らがやろうとしていることは託児サービスじゃないんだ、というふうに考えたかったんです。

じゃあ、幾らだったらいいのかとかっていうのもいろいろ議論しました。できれば1回限りで持ち出しで実施するのではなく、こども哲学を持続可能な状態にしたいと僕らは思ったんです。手弁当ではやはり続かない。こども哲学に価値があると思ってもらって、お金をいただけるのであれば、それはいただこうということです。

とはいえ、高額な会費をいただこうとは思っていません。今は1人につき500円いただくということで、お願いしています。

川辺　安いですよね。

池田　それは、カフェにご協力いただいている部分が大きいです。カフェが空いている時間であればいいよっていう感じで場所を貸していただいているので。うちの哲学カフェは、朝9時からやってます。

川辺　日曜日の朝9時から。何時まででしたっけ。

池田　午前11時まででですね。実際に始まるのは9時半なんですけど、やっぱり9時過ぎになると、みんな楽しみで来ちゃうんでね。

川辺　対象は小学生だけなんですか。

池田　どの年齢を対象にするのかということも議論を重ねて、今は小学生からってことでやってます。未就学児も参加したい、という声もあったのですが、小学生よりも小さな子どもだと正直言って僕のほうでも自信がないです。これも議論はしたんですけど、自信がないことはやらないほうがいいねという話になって。じゃあ、小学生を対象にしようということになりました。

子どものリアクションに敏感になった

川辺　ご自身で「こども哲学」をやり始めてからの変化っていうのはあったように思いますか？

池田　僕自身に関していくつか言うと、日常生活の中でも問いを考えるようになりました。いつも、今度はどんな問いにしようか、とばかり考えるようになりました。

川辺　具体的にはどういうことですか？

池田　問いといっても「何で？」と誰しもが思うようなことです。みんなが不満に思うことって言えばいいのかな。たとえば「皿が汚い状態で放置されているけれど、皿を洗わないのはどうしてなのか?」でもいいんですよ。ふと「何で?」って思うことをいつも考えています。僕はもともと理屈っぽいところがあるのかな。

あと、もう一個は細かい話になるんですけど、哲学対話を実践している子どもたちのリアクションに関心が向くようになりました。たとえば、子どもたちが「ハイ!」と言って手を挙げたとして、それがどういうニュアンスでどういう意図があるのか、というのがすごく気になるんです。

川辺 相手のささいな言葉の使い方とか、仕草とか、そういうものに敏感になったというこことですか。

池田 もっというと、子どもたちの存在自体がより気になるようになった、という感じです。

子どもたちと輪になって対話をするときに、問いを立てますよね。たとえば「何で勉強しないといけないの?」という問いを立てる。そうすると、A君はきょとんとしている、B君はもぞもぞしている、Cちゃんは難しい顔をしている、D君はいきなり手を挙げる、とそんな具合にみんなバラバラなんです。そうすると、「どうして、この子はこんなに早く手を挙げられるんだろうか?」なんてふと思うわけです。

あるいは、「何で勉強をするの?」という問いに対して、「お母さんから、やりなさいって言われたから」とか、「大人になったら役に立つから」と言う子どもがいます。それだけ聞くと、とてもいい答えのように見えるんだけれども「本当に自分でそう思っているのだろうか?」なんて僕は思うわけです。

そういう子どもたちの発話についてすごく気になるようになってきたのは、対話をさらっと流さないようになったとでも言えばいいんでしょうかね。あなたが言ったことにとても関心があるよというような態度を示すこと。それは子どもを褒めるわけではないんですけれども、対話をやっている中で、そういう姿勢が自然と出てくるようになりました。

川辺　まず池田さんは、以前にもまして子どもを解釈しようと思うようになったということでしょうか。この子は考えていないなとか、この子は元気がいいなとか。さらに、勝手な解釈だけでなく、子どもたちの発言や仕草の背景に思いを馳せるようになったということですね。
手を挙げている子は意見はないけれども単に構ってほしかったのかもしれないし、考えてないように見えた子は、今日、お母さんと朝けんかしちゃってそのことばかりが気になって対話に集中できないのかもしれない。それは、この子は考えてない、この子は元気がいいっていう、自分の解釈で見てたときとは全く違う奥行きの世界で。

池田 まさにそうですね。ただ意味もなく手を挙げているだけの子もいるんですよ。構ってほしいんですよね。

もっというと、「構ってほしい」というのは、何か理由があるんです。いきなり泣き出しちゃう子もいるし、急に黙っちゃう子もいるし。子どもひとりひとりの奥行きにあるものが全然違うんですよね。

子どもには
子どもの理由がある

川辺 「こども哲学」と出会ってから、ご家庭でも子どもを見る目が変わったと思いますか?

池田 まず、少しですが子どもに干渉しなくなりましたね。それまでは一方的に指図をするというか「あれやりなさい」という感じだったと思います。

今は、子どもなりに考えているんだから、好きなようにやらせていいんじゃないかというふうになりました。子どもと話ができていなかったので、子どもをちゃんと信用できていなかったんでしょうね。だから、干渉というか、うわべの口うるささがありましたね。今でも口うるさいって言われるんですけど（笑）。

たとえばうちの次男は、朝五時半ぐらいに起きて宿題を自発的にやっているんです。それで、「何でそんな早起きしてがんばっているの？」って聞いたら、「僕は学校から帰ってきたら遊びに行きたいんだよ。それから遊びから帰ってくると、午後6時ぐらいからアニメの放送が始まるでしょ。だから、学校から帰ってきたら宿題をする時間がないの」って言うんですよね。

彼なりの理由があって、朝、宿題をしなければならないそうなんです。なるほどと思いましたね。だから、夜だらだらしてるのにも理由があるんですよ。

川辺　でも夜の様子だけしか見てなかったら、怒っちゃったりする。

池田　そう。子どもの行動には子どもなりの理由があるんですよ。いろんなことを考えて、ちゃんと工夫して自分なりにやってるから。

「子どもには考えがある」というのがわかったのは親としてもいいことだと思います。宿題は朝やって、学校が終わったら遊びに行って、遊びから帰ってきたら、夕方からアニメを見る。アニメを見られない日は、録画しておいて朝に見るということもある。「ああ、なるほどね」と僕は思います。

川辺　いいなぁ。僕も見習わないと。だからって、朝五時半に起きるのを全ての子どもに推奨するって話でもないですもんね。次男くんにとっては、それが自分のスタイルなわけですよね。

池田　そう思います。別に、早起きしろっていう話じゃないですよ。あと、もう一個別の話をしてもいいですか？

川辺　もちろん（笑）。

池田　上ぐつ……上履きって言うのかな。あれを学校から持ち帰って、週末洗わないで汚いまま放っていたら、以前の僕は子どもに怒っていたんです。けど、ついこの間「何で上靴を洗わないのか」と話を聞いてみました。

　面白かったのは、「洗わないといけないと思っていたけれど面倒くさかったから洗わなかった」と、はっきり息子に言われたことです。そこでも頭ごなしに怒らず「じゃあ、何で面倒くさかったのか」も聞くと、彼にとってのスケジュールの中で上靴を洗う時間がなかったそうなんです。ということは、靴を洗うということがスケジュールに収まるようにしないといけないんだ、と(笑)。どうすれば時間がつくれるかな、みたいな質問をすると「週末は時間がないから、持って帰ってきたときにすぐやるのがいいと思うよ」って言うんですよ(笑)。

「じゃあ、今度から靴洗いは、靴を持って帰ってきてすぐやればいいね」っていう話になりました。

川辺　いいなぁ。怒鳴るんじゃなくて、理由を聞いていくと解決方法がわかるっていうことですね。

池田　靴だとそういうことがあったし、先ほどもちょっと例に出しましたけど、汚れた食器を自分で洗わないっていう場面があったとしても、同じですよね。なんでそうなってしまうのか、理由を聞いてみる。すると自分が食べ終わったタイミングで洗いたい気持ちはあるけれど、家族が次から次に皿を食器洗い場に持ってくるからイライラして、「あとでまとめてやりたいっていう気持ちになっちゃうんだ、とか。

なんであれ子どもの理屈を聞いてみよう、と思うようになったところが、ちょっと変わってきたかなとは思います。

川辺　「ああしなさい、こうしなさい」ではなく、「どうしてそうしてるの？」とまず理由を聞いてから「じゃあ、こうしようか」っていうコミュニケーションになっていったっていう、それってまさに、子どもに限らず、哲学対話のファシリテーター的な接し方ですね（笑）。

池田　そうですね（笑）。それは気をつけるようになりました。「やるべきことをやらない」ってことがダメなのではなくて、やらない理由を聞いて、その理由が納得できなかったら、それはおかしいよねと、そこで初めて言えるようになります。

頭ごなしに怒られると、子どもは緊張して自分の考えを言えない状態に置かれます。子育ての中では、今でも僕も息子を怒ることはあるのですが、もう1回か2回ぐらい、ちゃんと聞いておこうかな、とそんな感じで子どもと接するようになりました。ちゃんと向き合って話を聞いていったら、何となく納得できるんですよね。

川辺　「俺と一緒だ」みたいな感じですか？

池田　たしかに子どもの理屈を聞いていると、自分も子どもも一緒だなと思って、「わからんでもないね」って（笑）、納得しちゃうことはありますね。

遊園地に行かなくても子どもと楽しむ時間はつくれる

川辺　「こども哲学」をやって一番よかったことって何ですか。

池田　自分自身の子どもと、ちゃんと向き合って話ができるようになったことです。以前に比べれば仕事の量も落ち着いたとはいえ、普段は息子と話ができないし、一緒にいられないんですよね。短い時間でも「最近、学校どうだ?」とか聞くのもアリなのかもしれないんですけど、それは男の子だと「面倒くさい」っていわれてしまうんですよ。

けど、ちょっと視点を変えて、「こてつ」に行って、「勉強はなぜしなければならないのか?」というテーマで話せたりする。こんなことを言ってた子がいた、こんなことを言ってた子もいた、っていう感じで息子とも話ができるんです。

そこで息子が考えていることというのをすごく聞けるし、話ができるというのがすごく楽しいです。「こてつ」に来てくれる子どもたちと話ができるのも、もちろん楽しいです。不思議ですよ。「こてつ」であったことは話をするのに、学校であったことは話さない。「幸せって何だろうね」みたいな話をすると、話し始める。形式的なつまらない会話はいやだけど、自分の考えは自由に言いたいんですね。

川辺　ほかの共働きの保護者も、我が子とそんなに長い時間をとれないという方がほとんどだと思うんですけど、忙しくても一緒にいる時間の質を高めれば充実できるっていうことですか。

池田　そうだと思います。お金を払ってテーマパークや商業施設に連れていくだけが、子どもとのかかわりじゃないと思うんですよね。遊園地に連れていくとか。僕も好きだし楽しいんですけど、別にそういうものに行かなくても、じゅうぶん子どもと楽しめる方法はあるんですよ。

川辺　たとえば一日、数分間でも深い話ができる。

池田　僕は、「こてつ」を運営している大人同士のミーティングにも息子を連れていくんです。今度ミーティングがあるけど行くかって息子に聞いたら、彼は「行く」っていうんですよね。それは、楽しいからなんです。だから、「お父さん、今度のこてつは◯

日だよね。じゃあ、こてつが開かれる日の朝、起こしてあげるよ」なんて言ってくれるし、準備も手伝ってくれるんです。だからやっぱり、子どもがそう言ってくれて楽しみにしてくれるのは、「こてつ」で過ごす時間が重要なんだと思うんです。

川辺　たしかに僕も、かなり娘たちには運営を手伝ってもらっています。持っていく道具の確認とか、会場の受付も。今日こんな話をしようという対話の素材を用意する時点で、娘からわかりにくいってダメ出しされることすらあります（笑）。

池田　イベント当日の朝にわかりにくいなんて言われたら、わー、どうしようとか思いますね（笑）。面白いですね、やっぱり。

「こども哲学」は誰のための活動なのか

川辺　そういうエピソードを聞くにつけ思うのが、結局「こども哲学」って、大人がやっているのか、子どもがやっているのかよくわからないってことです。何のために、誰がやっているのか、ってどう思いますか。

池田　僕は、子どものために大人がやっているものだと思います。子どものために、大人が主体的にやっている。だけども大人がやれることは、場所をつくることだけ。そこから先は、子どもたち。

最終的には子どもたちだけでやれるっていうところまで、持っていければいいなと思います。

川辺　そこは池田さんは割とはっきりしているんですね。

池田　たとえば、こてつは基本的に大人の見学を禁止してるんです。子どもが子どもたちだけの場で自由に安心して対話ができるっていうところがいいところだ、って思っているからです。

面白かったのは、親も参加したいというニーズがあったので1回だけ、大人も交えて対話をしたんですが、子どもたちの雰囲気が、いつもとちょっと違って、礼儀正しくなるんです。

川辺　そうなんですか（笑）。

池田　いつもだと、だらだらしているんですが、対話に保護者がいると、きちんとするんです。「どうしちゃったの？」と聞くと、「いやぁ」とか言うんです（笑）。

川辺　面白い！　僕の教室はそんなことないなぁ（笑）。

池田　いや、礼儀正しくなったって、べつに全然それは構わないんですけど、やっぱり保護者に参加してもらうと、大人の存在が異物なのかなとも思えるんです。だから、僕はやっぱり子どものためにやるのかなと思いますね。

川辺　友達とゲームしているところに保護者がいたら、盛り上がりに欠けるみたいな感じなのかな。

池田　運動が得意な子は運動、本が好きな子は本、ゲームが得意な子はゲームで自分らしさみたいなものを発揮するじゃないですか。自分が活躍できる場というのは、保護者のいないところで自分でつくっていくものなんだと思うんですけど、哲学をするというのも、そういう場になり得るのかなっていう。そういう場ってやっぱり要るんだろうと思います。

だから、子どものためなのかなと、今は思っています。また、1年すると変わっちゃうかもしれないですけど。

川辺　僕自身、池田さんのお話を聞くまでは保護者が見学しているほうが頑張れるかなと思っていました。

僕がやっている「こども哲学」は、基本的に保護者が見てるし、なんならめちゃくちゃ子どもの輪の近くで見てもいいんです。子どもを預けて帰りたければ、「こども哲学」に来ている間に買い物に行ってもらってもいいし。だから、用事があれば帰る親もいるんです。

そこは池田さんと僕の興味の違うところなんだと思いました。

池田　同じ「こども哲学」でも違いがあるんだということが分かって、楽しいですね。

川辺　そうですね。でも、池田さんの「こてつ」では、「こてつ」に通う子どもたちに合ったスタイルがあるんでしょうね。

池田　そうかもしれないですね。

川辺　僕の教室の子どもたちは、「こども哲学」を通じて、パパやママに「僕、こんなに考えているんだよ」っていうのを見てもらいたいという気持ちを持っているような気がするんです。それがまた、保護者にも影響があるのかなぁ。

我が子が哲学する姿を見て、「うちの子、こんなにいろいろ考えてるんだなぁ」と思うと、池田さんのように、子どもの話を聞くようになったりするのかもしれない。「うちの子が今この時間にダラダラしているのは理由があるんだ」ということがわかってくるんじゃないかなって。

池田　子どもがやってることって、理由があるんですよね。

川辺　うんうん。子どもがやっていることは、彼らなりの考えに基づいているんだって、気がつくことってすごく大事なことだなって思いました。親がそういうふうに子どもを見るようになると、頭ごなしに叱る回数も減るのかな。

池田さんとの対話の中で印象に残ったのは、子どもにも考えがあるんだということを池田さん自身が大事にするようになったということでした。

逆に言えば、こども哲学を始めてから、池田さんのお子さんたちに大きな変化があったわけではないとのこと。ただし、活動を始めて1年経って、息子たちは今も哲学することが楽しいと言ってくれているそうです。

お父さんが子どもたちと一緒に始めた哲学対話。参加して1年で、子どもたちに劇的な変化があらわれるなんてことのほうが、僕には不自然にすら思えます。子どもの頃、自分の考えを聞いてくれた保護者の姿、認めてくれた保護者の態度が、子どもたちの未来に与える影響は計り知れないものがあるのではないでしょうか。

3章

「頭でっかち」だった私が変わった

——黒木明日丘《あすか》さんの場合

黒木さんは……

――国際NGOに勤務する黒木さんは、グローバル化が進む社会を実感する中で子育てに不安を感じていました。グローバル化が進む社会の中で必要なスキルってなんだろうと考えてみたときに、英語力はツールでしかないし、ロジカルシンキングも何か違う。そんな中で出会った「こども哲学」で、自分自身の子育ての指針を得たように感じたそうです。

自身の子どもはまだ小さかったので、ためしに小学生を対象にした「こども哲学」を自分でも何度か主催してみたそうですが、そこで直面したのは子どもたちの対話を進行するファシリテーションの難しさ。

そんな折に、逗子での「こども哲学教室」に出会い、我が子と1年間通ってみることにしたのだとか。我が子の1年間を見守る中で、安心感や楽しさがあれば、子どもはどんどん意見を言えるのだということに気づいたそうです。

1年間通ってみた保護者として、黒木さん自身が感じたのは、息子の話に耳を傾けてみようと思うようになった自分の変化。その変化について、くわしく聞いてみることにしました。

グローバル教育から
我が子を信じる子育てへ

川辺　黒木さんは「こども哲学」に出会う前に、まずグローバル教育というのが、キーワードとしてあったんですね。

黒木　そうです。そもそもグローバル教育に関心があったのは、子どもたちの将来を考えてのことです。

子どもたちは自分よりも長く生きてくわけじゃないですか。20年後、30年後に、仕事柄、日本はとても大変な状況になるだろうな、ということを漠然と感じていて、なにかしなくちゃという気持ちがあったんです。満ち足りた社会の中でぬくぬくと育つと、「見なきゃいけないものが見えなくなる」っていうことが自分の中では心配でした。自分の経験から、海外に行くことで、日本のよさがわかったり、自分のアイデンティティを感じられたりするという確信があって。

だから「早くから外に向けて関心を広げてほしい」と考えたときに、当時もてはやされていたグローバル教育という言葉に出会いました。

川辺　「グローバル教育」っていう言葉があるんですね。

黒木　はい。ただ私の中で、グローバル教育といっても「単純に英語を話せるということではない」という思いもありました。英語ってただのツールでしかないよなぁ、とか。

ほかにもロジカルシンキングというキーワードが出てきたり、「アクティブラーニング」という言葉に出会ったりして。じゃあ「グローバル教育って結局なんなんだ？」って友人と話している中で、やっぱり思考力だなと思ったんですね。

川辺　思考力を身につけることが、グローバル社会を生きていく上で大事なんだっていうことに思い至ったんですね。

黒木　はい。ただ、そうすると今度は思考力ってどうやって身につくんだろうという疑問が浮かびました。そもそも思考力ってなんなんだろう、って考えてみたら「『何でだろう？』と思える力」なのかなって。

それで、思考力を訓練するにはどんな方法があるのかということを模索してたときに出会ったのが「こども哲学」でした。ロジカルシンキングだけだと、結局レールの上でしか思考できないなっていう感じがして、自分の関心を深める思考とはちょっと違うなって思っていたんです。でも、「こども哲学」はそれとちょっと違って、自分の疑問を考えるところがいいなぁ、と。「これだったら自分たちにも合ってるかも」と思いました。

川辺　僕はロジカルシンキングがどういうものなのかわかってないところがあるんですけど、論理的に考えればこうだよね、っていう正解みたいなものが出せることが重要そうには感じますね。

黒木　そうそう。でも「こども哲学」では、正解がひとつとは限らなくて、どんな答えであってもいいし、どんな意見があってもいい。ほかの子と意見が違っても考えることそのものに意味があるというところがとてもいいなと思ったんです。

そういう考え方は、いろんな国籍とかバックグラウンドを持っている人たちと何か共同作業をしていくときには、共感する力だったり、受け入れる力だったり、相手を認める力につながっていくと思っていて、グローバル教育の理念とも根底でつながっているなと感じました。

川辺　黒木さんがおっしゃっている思考力っていうのは、ただ考えるだけじゃなくて、相手を受け入れることも含めている感じなのかもしれないですね。

黒木　そうですね。思考力の要素の中に、「共感する力」も含まれてる感じがします。「こども哲学」に関心を持ったきっかけは「思考力」「グローバル教育」だったんですが、それからいろいろと本を読んだり、こども哲学教室に参加してきた中で、相手に共感したり、相手の話をよく聞くことは、ただ聞いてるだけではなく、きっと相手の話を自分のものとして受けとめられる共感力を育ててくれると思っています。

子どもは哲学なんてできるのか

川辺　そこまで勉強熱心だと、わざわざ「こども哲学教室」に通わなくても、お知り合いと自分たちでやってみようってことになりそうですよね。

黒木　そうですね。「こども哲学」のファシリテーター養成講座に参加したこともありました。実は何回か自分でも、哲学対話をやってみたこともあるんです。

川辺　やっぱりそうなりますよね。

黒木　最大4人ぐらいの知人同士で活動を始めたんです。そのときは、お友達がお友達に呼びかけるみたいな感じですね。ご近所さんに声をかけてというわけではなく。

川辺　いわゆるママサークルみたいな感じですかね。大人同士で哲学対話をしたということですか。

黒木　いえ、最初は親子で参加というスタイルにしました。2015年くらいだったと思います。アーダコーダさんにお邪魔する前にやっていました。そこで結構いろいろな試行錯誤をしたんですよ。最初は「親子で来てください」という形で、参加した子どもたちはみなさん小学生だったと思います。

川辺　黒木さんは当時、お子さんがまだ小学生じゃなかったですよね。

黒木　そうですね。息子はまだ小さかったので、ためしに小学生とやってみようという感じで。

川辺　参加者は何人ぐらい？

黒木　親子が6〜7組くらいいたかな。

川辺　そうやって重ねていくと、どうでしたか？

黒木　子どもにとって1歳の違いってすごく大きいんだなと思いました。たとえば最初は、年齢にばらつきがあったんですが、小学校低学年から5年生ぐらいまでの範囲だと、一緒にはできないということがわかりました。3年生と6年生でも、難しいんです。小学校3年生か4年生ぐらいが、自分たちとしてはやりやすいんだなってことが見えてきました。それからは小学校3年生、4年生ぐらいを対象に何回か哲学対話をしました。

川辺　結構やってますね。続けたらよかったのに。

黒木　そうですね。ただ、半年くらいやって実感したのが、働きながらボランティアで活動を続けるということの難しさでした。ボランティア活動もやるからには、やっぱり入念な仕込みが必要で、その準備が毎回すごく大変でした。

あと、子どもを相手にしたファシリテーションって、やればやるほど奥深くて、やっぱり簡単ではない。複数の子どもを相手に、どうしたら対話を深められるのかと悩みました。問いかけの仕方をどうすればよいかという点で壁にぶつかった感じがありました。

川辺　2つの壁ですね。働きながら自分で主催するのは、そもそも難しい。さらに、ファシリテーターのスキルの習得にも難しさを感じた。それで、やめちゃったんですか。

黒木　一緒に運営していた知人が家族の都合で外国に行ってしまったこともあって、私だけではとてもできないので一旦活動をストップしました。

川辺　我が子も来ない会を、他人のお子さんを対象にしてやるわけですもんね（笑）。

黒木　そうなんです（笑）。それで、もうちょっと自分のできる範囲でやろうというふうに考えを改めて、「こども哲学教室」に自分の息子と通って、ついでにボランティアとして活動をお手伝いしようということを決心しました。なのでNPO法人アーダコーダで、ボランティアとしてかかわらせてもらって、子ども向けのファシリテーションを学びたいという思いもありました。もっと場数も踏まなきゃいけないし、ファシリテーターの人がやっていることを見て学ぶことが必要だなと思って。

理論ずくめだった子育ての方針が変わっていく

川辺　今のお話をうかがっただけでも、自分でオリジナリティのある子育てを構築していくぞ、みたいな意気込みだった黒木さんが、ひとつの手法を身につけてみようと思うようになったっていうのは、結構な変化なのかなと思いました。

黒木　そう、グローバル教育みたいなものを考えていたときは、知識先行っていうか、頭でっかちだったかもしれません。

　子育ても「自分が、人として子どもと向き合う」という意味では理解してなくて、もっと技術的なものだろうというイメージがありました。経験を積んでいくうちに子育てというのは決してテクニカルなものではないということに、気づいていったのかもしれないです。

川辺　スキルを身につけさせたり、ツールとしてパッケージされた子育てとは違うかなって思ったんですね。今はツールとしての教育に関心はありますか。

黒木　いやぁ、今は、ないですね。やっぱり大事なのは、いろんなものに触れる体験なのかもしれませんね。

それは哲学の場ではなくてもよくて、「こども哲学」というものを知っている大人が子どもとかかわるというだけのほうが、むしろいいのかもしれません。

だから、体験とかアクティビティの中に対話と自分の考え方を深めていける、きっかけを用意しといてあげるっていうのかな。そういうのでもいいのかなと、最近思っています。

川辺　スキルとかツールじゃなくて、むしろ保護者が子どもを理解する視点を持っていさえすれば、あとは体験や出会いを与えていけば、それに哲学と名前がついていなくても、いいんじゃないのかっていうことですね。

黒木　そうそう。別に、哲学対話とか、「こども哲学」っていう名前がついてなくても、どんなプログラムでも企画した大人の側に哲学が織り込まれていればいいのかなと思います。

子どもたちの周りにいる大人が、哲学的な対話を深めるようなかかわり方ができたら、その場はもう哲学対話になっているというか。そういうような自然なものでいいのかなって。

川辺　黒木さんは自分で実施する「こども哲学」じゃなくて、僕がやっていた「こども哲学教室」にきて、感じたことはありましたか。

黒木　そうですね。正直ちょっとカオスな感じがしましたね（笑）。「本当に哲学対話が成立するのかな」という疑問がありました。

うちの子には申し訳ないけど、実験的に参加させてもらうこと自体が、私にとって貴重な経験になると思ったし、結果がどんなふうになってもきっと息子にとっては何か得るものがあるだろうなと思ったんですよね。どう変化するのかを見たかったということです。

川辺　そのカオスから、1年が経過して、どうでしたか。

黒木　息子が行きたくないって言いだしたらどうしようっていう不安は正直ちょっとありました。けど、1回目に参加した後に、「面白かった。また行きたい」と言ってくれたんです。初回から「楽しい」って言ってくれたのが、私にとってはすごく大きかったです。これなら、続けられると思いました。

引っ込み思案なところがうちの子にはあるので、最初はあんまり発言してなかったと思うんですけど、楽しいとも言うし、嫌がってもいないから、じゃあ、続けて参加してみよう、と思いました。何度か通ううちにぽつぽつ息子が発言するようになってきて、帰りに「意見が言えたよ！」みたいなことを自慢したり、「すごいよかった」なんて言ったりして（笑）。

だんだんと対話の場に少し慣れてきたのが3カ月通った頃かな。それで私自身の中でもエンジンがかかったっていうか、哲学対話をもっとやってみたい、子どもと哲学対話について話をしてみたいと思うようになって。哲学対話に関する本を買ってきて、寝る前に2人で読んだりしていました。

川辺 翻訳されているオスカー・ブルニフィエさんの絵本とか？

黒木 そうです。自宅で息子と哲学対話をしてみると、意外に自分の意見を言うんだ、考えてることがあるんだという発見がありました。実生活の中でも、子どもと話す時間をなるべく意識して持つようになりました。

川辺 「楽しい」「次も行きたい」と我が子が言ったっていうくだりは僕自身の経験とも重なるので、共感しました。哲学対話って、親は楽しいけど、子どもがどう反応するか、最初はドキドキするんですよね（笑）。

黒木　そうですね（笑）。教室全体の雰囲気も1年で変わっていくのがわかりました。ただ対話するだけじゃなくて、みんなで山登りに行ったり、ピクニックなどのアクティビティもやりました。子どもたちが哲学対話に参加するたびに安心感や楽しさ、一体感みたいなものが生まれてきたところから、かなり子どもたちの発言の回数も増えてきたと思います。

川辺　そういうふうに聞いてみると「安心感」や「楽しさ」が哲学対話にあるということが大事っていうことですね。僕が不思議に思うのは、初めて参加したお子さんが、初回から「楽しい」と言ったことです。どうしてなんでしょう。

黒木　何でなんだろう。そのときはあんまり深く聞かなかったけど、哲学対話の場では自分が主役なんだということを感じたんじゃないですかね。

何か用意したものに参加させられてるんじゃなくて、自分はこう思うと意見を言ったら、場の方向が自分の意見で変わるんだっていうか。その場に自分が主体的にかかわるってことを多分感じたんじゃないかなと思うんですよね。

川辺　なんか、民主主義っぽいですね。社会参加の練習みたい。

黒木　誰かに言われて、パッケージ化されたものに参加するのではなくて、自分の意志で参加しているという実感ですね。

あと、自分が人から注目されることが彼は好きだということもあったんじゃないかと思います（笑）。最初の哲学対話のときに、子どものあだなを決めたりしていましたよね。

川辺　そうそう、決めますね、なんて呼ばれたいか。そうかぁ、嬉しいんですかね。勝手に名前を決められるんじゃなくて、自分のことをこういうふうに見てほしい、呼んでほしい、っていう希望を友達が受け止めてくれるっていうのは、無条件に嬉しいのかもしれないですね。

息子の「あっぱれ」な回答

川辺　黒木さんのお子さんはもう、このインタビュー時点で「こども哲学」には1年以上参加していますが、何か身についたっていう感覚ってありますか。

黒木　はっきりと哲学対話が子どもに効果をもたらしたのかっていうのは正直、わからないです。

ただ、自分の思ったことをはっきり言うようになったのかなとは思います。因果関係はわかりませんが。子どもよりもむしろ私が子どもとの接し方を意識するようになったのかもしれません。

川辺　あぁ、黒木さんが変わったから、お子さんがそう見えるのかもっていう。

黒木　はい。もちろん、自分の考えを子どもに押しつけることもあるんですけど（笑）、自分で気づいたときや心に余裕があるときは、もうちょっと子どもの話に耳を傾けなきゃだめだとかっていうふうに意識するようになりました。

川辺　池田さん（2章参照）にお話を聞いたときもそんな話になったんですよ。

黒木　頭ごなしに「ダメ！」ではなくて、何でそういうことを言おうとしているのかを聞いてみたり、もうひとつ、質問を重ねてみようかとか小さなことをすることによって子どもも一生懸命答えようとしますよね。だから、それを繰り返す回数が重なってくると、息子が自分の考えをしっかり言うようになったと感じるのかも。

川辺　すごい、面白いくらい池田さんの意見とそこは同じですね。

黒木　あと、幼稚園に通っていた頃は、まだ語彙力も少なく、思っていることを表現できないのもあって、変化はあまり感じられなかったのですが、やっぱり小学校に入ってからは、いろんなことを自分でしゃべれるようになりました。ほかの子はどうなのかはわかりませんが、自分の小学校1年生のときと比べると、ちゃんと自分の意見を持っているんだなという印象はあります。

川辺　学校に入ると、僕もやっぱり子どもが変わるなぁって思います。

黒木　小学校に入ると、単に「○○が嫌だ」ということではなくて、なぜ嫌なのかという、大人を納得させるような理由を説明するんです。そういうことがこの年齢でできるというのは、もしかしたら哲学対話での経験が影響しているのかもしれません。

　私が何となく意識してやっているから、子どもが成長しているように見えるのか、もともとそういう年長の時期に哲学対話の機会があったから、そういう思考になったのか、ちょっとよくわからないですけど、普通に何も知らずに過ごしていたら、今とは違っていたのかも……とは思います。

川辺　黒木さん自身は子どもの頃、自分の言った意見に対して親に質問されたら、答えられなかった子でしたか。

黒木　答えられなかったと思う（笑）。というか、そういう問いかけをされた経験がないので、何とも言えないですね。ダメなものはダメと言われて育ったと思います。

川辺　大人の意見ってやっぱり、子どもにとっては強いですもんね。

黒木　それでいうと、おもしろいことがあって。最近、習い事について息子とすごくもめたんですよ。

川辺　もう面白そうなニオイが（笑）。

黒木　今、いくつかの習い事と民間の学童保育に息子を入れているんですが、学童保育のほうでは英語教育をしてもらっているんですね。

川辺　学童で過ごす間、ぜんぶ英語でコミュニケーションってことですか。

黒木　そうそう。英語に親しんでほしいという私の思いがあったからそこに入れたんです。でも、本人がとても嫌がってしまって、何度も泣いて「やりたくない」と訴えてきたんです。

川辺　おお、それはかわいそうですね。

黒木　ただ、もう入ってしまった学童なので、行ってもらわないとひとりでお留守番をさせることになってしまうし、と思って最初は、子どもの言うことを受け流していたんです。

でもある日、夕飯時に「ママ、ちゃんと考えて」と言われたんです。

川辺　わっはっは、そのセリフ大好き（笑）。

黒木　彼は、ほかにもいろいろ習い事をしてるんです。「空手は、僕は１００％やりたい。で、ママも１００％いいって言ってくれているから、これはいいよね」って言うんですね。

川辺　はい、まず空手は問題ない。

黒木　次がピアノで、「ピアノは、僕的には30％から50％ぐらいやりたい気持ちなんだけど、ママは１００％やらせたいなら、僕とママで考えが一致している部分もあるからピアノもやっていいよ。でも、僕は本当はロボット教室に通いたいんだ」ということを言ったんです。

川辺　ピアノは、イヤじゃないからいいよ、と（笑）。

黒木　そう。でも、ロボット教室は違うって言うんです。「ロボット教室は自分は１００％やりたかったけど、ママはゼロ％だったからあきらめたね。じゃあ、英語は、ママは１００％でも、僕はゼロ％なんだから、あきらめることになるんじゃないかな」と言ったんですよ。

川辺　面白すぎる。この話、書籍に載せてもいいですか。

黒木　もちろん大丈夫です（笑）。「ああ、これ以上言っても無理だわ。彼の主張が正しい」と思いました。それで、もう学童保育のほうは休ませています。

そういうふうに私が思うようになったのも、息子が言うようになったのも、もとをたどれば哲学対話にあるんだと思います。私自身が小学生だった頃のことを振り返ってみても、自分が1年とか2年生の頃に彼が言ったようなことを言えただろうかというと、言えなかっただろうなと思うんですよね。

川辺　「こども哲学」、最高じゃないですか（笑）。息子さんは学童やめちゃって、どうしたんですか？

黒木　今はうちの母親が「だったら、もう私が面倒を見るから」と言ってくれて家に来て、食事の支度をしてくれています。うちの母も「孫がそこまで言うんだから」みたいな感じになりました。今ふりかえれば、笑い話なんですけどね。

川辺　まさにロジカルシンキングって僕の中ではそんな感じのイメージですね。「こども哲学」で論理的思考力が身につくっていうのはよく言われることではあるけど、どうなんだろう。パーセンテージで気持ちを表すなんて面白いなって思ったんですけど、黒木さん親子はよく使う表現なんですか。

黒木　いや、全然そんな言い方はしないですよ普段は。パーセンテージで言うっていう、何でそんなの思いついたんだろう（笑）。たぶん、子どものほうも哲学対話で毎回、一生懸命、考える訓練ができたんでしょうね。

川辺　子どもが本気を出せば、大人を説得できるわけですね。

子育てのヒントを得た

川辺　「こども哲学」をやってみて、一番よかったなと思うことは何ですか？

黒木　子どもがどう変わったかというよりは、自分の子育ての指針というか、子どもとのかかわり方へのヒントをもらったことかな。何が大事かということを考える際、原点回帰ができるというか。「あ、そういえば、そうだった」というような感じで。

先ほどの習い事の話で言えば、「教育は押しつけじゃない。子どもの言うことに耳を傾けよう」と、自分に対して自分に質問をして、「自分はできていたっけ？」と振り返るんです。子育ての仕方の本当に基本的な要素として参考になったっていうのかな。

川辺　もう少し具体的にいうと、どういう指針ですか？

黒木　子どもの意見を否定しないということですかね。だから、対話をすることが大事です。基本的には。日常的な会話も対話形式になるようにしています。「会話と対話の定義は何？」と言っても、ちょっとわからないですけどね。

私のイメージとしては、会話というのは表面的な話です。たとえば学校はどうだったと話を聞くと、「こういうことがあってね」と返ってくるようなものです。普通の会話であれば、そこで終わってしまうと思いますが、対話はそれより一歩踏み込んで、言葉のやりとりだけじゃなくて、相手の言ったことを受けて、それぞれの心に変化が起こるっていう感じなのかな。日本だとそれが哲学とまで言えるところに届かないかもしれないけど、やっぱり対話はできるようになりたい。

だから、対話の仕方を意識できるようになったっていうのは、大きかったかなと思います。

川辺　対話のよさっていうのはわかる気がしますが、それって哲学対話としての意味みたいなものもあると思いますか。

黒木　「正解がひとつとは限らない」という哲学の要素を入れようとすると、子どもの目線で対話をしようという意識ができて、子育ての大事な指針をもらっているなっていう気がするんですよね。

川辺　黒木さんが、そういうふうに「こども哲学」で子育てのヒントを得て、子どもの意見を否定しないようにしなきゃとか、表面的な会話ではなくて、もう少し深く聞いたりしなきゃと思うようになったことは、お子さんにとってもいいことだと思いますか。

黒木　私はいいことなんじゃないかなと思います。息子本人がどう思っているのかはわからないですけど。

逆にあしらわれるときもありますけどね。私が突っ込んで話を聞こうとすると、「いいよ、面倒くさい」と言われることもあります（笑）。

川辺　たしかに家でいつでも哲学対話みたいなやりとりをしていたら、大人同士だってそうなりますよ（笑）。

黒木　そうなんです。

川辺　池田さんのお話を聞いたときにも思ったんですけど、「こども哲学」が子どもに何か影響を与えたのだとすれば、それは子どもを取り囲む大人が変わったことが要因なのかもしれませんね。

黒木　そうですね。保護者としてはどうしても「目に見える効果」みたいなものを求めがちなんですが、本当に大事なことは、短期間で何かが身についたとかってことじゃないんじゃないかな、っていうのは実感としてあります。こうやって自分で話していて、「こども哲学」にかかわることで、保護者である自分自身が変わったなぁって思いますし。

川辺　それに付け加えて言うと、保護者にとっての「こども哲学」の楽しさってなんだろうって考えてしまうんです。

僕自身の場合を考えてみると、もちろん哲学的な話が好きだっていうことはあるにせよ、「うちの子って、こんなにいろいろ考えていて、こんなふうにかかわれば、話をしてくれるんだ」と保護者として思えることじゃないかなって。そうやって、子どものもともと持っている力に大人が気づいて、親子の関係が変わっていくみたいなところが「こども哲学」にはあるのかなと思います。

黒木　そうですね。保護者だけじゃなくて、子どもにとっての楽しさもあると思います。親子で哲学するだけじゃなくて、「こども哲学教室」に参加したいと思う理由のひとつに、いろいろな友達とのかかわりがあるんです。親子の会話の中でも対話を深めることは必要だけど、子ども同士の対話の中で、「えっ、そんなこと考えてるの？」っていう一面に出会うことも面白いし、大事なんじゃないかなって。学校以外にも、いろんな場があって、いろんな友達と対話を深めるということが、子どもの成長にすごく大事だろうなと思うんです。

川辺 たしかに、同じくらいの年齢の友達が、自分が思いもよらなかったことを考えているんだっていうことが、「こども哲学」を初めて体験した子どもの感想にはよく出てくるんですよ。あいつ、あんなこと考えてたのか、っていう喜びみたいな。

黒木 最初の話に戻るんですけど、今、思っているのは、「こども哲学」だけでなく、いろんな教育プログラムに参加して、自分でもいろいろ試してみた上での実感として、哲学対話の要素が含まれているプログラムや、習い事がもっと多くあればいいのになと思います。今は、いろんな選択肢があるじゃないですか。

川辺 カタカナのやつとか、横文字のやつとか。哲学対話とか（笑）。

黒木 そうそう。本当にいろんな子ども向けのアクティビティがあるし、いろんなサービスがあります。夏休みのサマープログラムみたいなものも、いろいろ探したりするんです。

子どもの頃、長期休暇をどう過ごすかって結構大きな課題だと思うんです。ただ時間を潰すためのプログラムは嫌だなぁって思ってる私の、選別している基準はなんなんだろうって考えると、哲学対話の要素があるかどうかという点のような気がするんです。

川辺　哲学対話の「要素」っていうのは、具体的にはどういうことですか。

黒木　うーん、なんだろう。プログラムがみっちり組まれているような、用意されたカリキュラムをこなしていくのではなくて、子どもが主役で、「子どもがプログラムの中身を決めていけるようなプログラム」っていうのかな。参加する子どもたちの反応を見ながら、大人がカリキュラムを柔軟に変更する余裕があるくらいのプログラムのほうが、私にとってはしっくりきます。改めて考えてみると、最近はそういうプログラムを選ぶようにしている感じです。

川辺　勉強になるなぁ。そういうプログラム、僕は好きだけど。これをやります、ってはっきりしないものになるから、不安な親は選ばないでしょうね（笑）。

黒木　そうそう、わかりにくいですもんね。そういうプログラムを選ぶようになっただけでも、私の中で変化があったんだなぁって思います。

「こども哲学」との向き合い方

川辺　なんだか黒木さんの変化にばっかり、僕も関心を持ってしまいましたね。

黒木　いえいえ、インタビューに答えているうちに、自分の変化みたいなものがはっきりしてきました。

川辺　どう変わりましたか。

黒木　ある意味、子育てに関する迷いがなくなってきた気がします。「どうしたらいいんだろう」「子どもとどう接したらいいんだろう」とか、「もっと指針があればいいのに」といった迷いは、子どもが小さかった頃はありました。けれども今は、プログラムを探すにしても、育児本を探すにしても自然と共通項ができてきました。

川辺　先ほどおっしゃっていた、子どもが主体的に取り組んで、大人が柔軟にそれに合わせてくれるようなものですね。

黒木　これって私にとって結構大きい変化なんです。自分に不安があると、子どもにも不安が伝染しちゃうんですかね。子育てにおいて「いや、ママはこう考えるよ」と自信を持って言えるということは、自分の中ですごく大きいと思います。

川辺　不安があったんですね。

黒木　結局、自分が経験したことからしか、子育ても考えられないと思うんです。私についていえば、海外で生活した自分自身の体験というのが、子育ての出発点にあります。日本以外の国の人たちと一緒に生きていく世界を視野に入れた子育てっていう、ふわっとした方針みたいなものは息子を育て始めたときからあったんです。

だけど、具体的に何をすればそれが達成されるのか、っていうのはよくわからなかったんですよね。

川辺　こんなことに関心のある親はこの子育て、ってマニュアルがあるわけでもないですしね。

黒木　テクニックにこだわりすぎるのもどうかとは思うんですが、一方で自分の方針に合っていると思える支えみたいなものはあったほうがよくて、その中の太い幹みたいなものが、私にとっては「こども哲学」にあったということなんでしょうね。今こうやって話していて、改めてそう思います。

川辺　6年ぐらい前の黒木さんを「グローバル教育ママ」だったとすると、今は何ママですか。あの頃の黒木さんとは、違うわけですよね。造語でもいいですよ。

黒木　そうですね。難しいな……。ちょっと自分の中でもしっくりきていないんですけど、「ダイバーシティ（多様性）教育ママ」でしょうかね（笑）。

川辺　それ、まさしく造語ですよね。どういう意図があるんですか。

黒木　たぶん、もともと子どもが根底に持っている力を支援していこうということだと思います。

考える力もそうだし、共感する力も子どもがもともと持ってるんじゃないかなって。スキルではなく、潜在能力を伸ばしていくというか。そのようなことが、今は自分の指針になってると思います。

――共感する力も、考える力も、子どもがもともと持っているんじゃないか。とても力強い言葉です。働きながら「こども哲学」を主催することは、黒木さんにとってはハードルが高いことでした。

そんな黒木さんは、「こども哲学」にときどき通うだけでも、子どもとの接し方や、自分の大事にしたいことを思い出す大切な時間を得ていると言います。今はこども哲学という名のついていない活動でも、わが子が主体的かつ対話的にかかわれる楽しいプログラムがあれば足を運んでみたいと興味の幅も広がっているようです。

4章

哲学は生きるために必要なものだと思う

――高口《こうぐち》陽子さんの場合

高口さんは……

――高口さんは２０１６年、夫を亡くしてすぐに「こども哲学」（ねりま子どもてつがく）の活動をスタートしました。

高口さん自身、大学時代は哲学を専攻していたのだそうです。大学に進学してから「なんで哲学を選んでしまったんだろう？」と悩んだこともあったそうですが、今は哲学を学んでよかったと思っているのだとか。哲学に対する高口さんの思いが変わっていったように、「こども哲学」にかかわり続ける中で、高口さん自身の「こども哲学観」も経験とともに変化していきました。

夫の死を期に生きる力としての思考力へ

高口　２０１２年の８月に長女（下の子）が生まれて、２０１３年の８月ぐらい、ちょうど下の子が1歳のときに夫ががんに冒されていることがわかったんです。治療をしたのですが、2015年の5月ぐらいに再発しているのが見つかり、その時点で余命宣告をされたんです。

自分が家族の死と向き合うことができないまま、どんどん夫の余命が短くなっていく中で焦りだけが募っていました。

川辺　余命宣告って、あとどのぐらいと言われたんですか。

高口　半年から1年ぐらい、と言われて。1年3カ月ぐらい頑張ったんですが、結局、2016年の7月に亡くなりました。

日々、なんとかして子どもたちも自分も夫の死に向き合って乗りこえていこう、なんとかしようということを常に考えていました。死は誰にでも絶対に起こることで、避けられないんです。

子どもたちが父親の死に対してショックを受けるだろうことも含めて、どうしたらいいのかを常に考えていて。「グリーフケア」という、悲しみを乗り越えるプログラムに参加を検討するなどしていました。

川辺　グリーフケア。そういうものがあるんですね。

高口　はい。グリーフケアだけでなく、夫の死後、どうやって過ごしていくべきなんだろうということも考えていました。

たとえば、家族だけで家に閉じこもらないことが重要なんじゃないかとか。自分自身の状況も含めて、子どもたちのこともいろんな人に見守ってもらえるように、地域の活動に参加することも大事なんじゃないかとか。

川辺　死への心構えだけでなく、旦那さんの死後を見据えて、どうしていけばいいんだろうということを考えていらっしゃったんですね。

高口　はい。そんなときに、自分の好きな哲学や教育思想の本を読んでいく中で出会ったのが「こども哲学」でした。「こども哲学」なら、お父さんは死んだけど大丈夫だよなんて安易に息子に伝えるのではなく、死ぬってどういうことだろうって子どもなりに自分自身で考えて、答えは自分で出すことになります。

子どもが、自分で考えたことに自分で納得するのが、一番いいんじゃないかなと思ったんです。

川辺　なるほど。旦那さんが亡くなられてから、こども哲学をスタートしたということでしょうか。

高口　はい。夫が亡くなったのが7月26日だったんですけど、5日後にアーダコーダの主催しているこども哲学ファシリテーター養成講座に参加したんです。

川辺　そんな大変な時期に！

高口　はい。でも参加してよかったです。講座に参加したからこそ、私も子どもたちも夫の死を乗り越えることができたんじゃないかと思います。講座を受講した翌月には1回目の「こども哲学」をイベントとして主催しました。しかも最初のテーマを、「人は死んだらどうなるの？」っていうもので（笑）。

川辺　いや、笑っていいのかわからないんですけど、まぁいいか（笑）。

高口　実際、私は「この時期だからこそ、今このテーマで絶対にやりたい」と思っていました。

もちろん、このテーマをこの時期にやらせるのは自分でもどうなのかなという思いもありました。でも、息子がもう小学生だったっていうこともあって、割と父親の死を受け止めて、そこまで落ち込まずに暮らせているように感じられたので、思い切ってチャレンジしました。実際にやってみて、私はすごくよかったなと思っています。

川辺　8月だと、小学生はちょうど夏休みですね。

高口　そうですね。私にとっても、人生のターニングポイントというか、人生の夏休みというわけじゃないけど、そんな感じの時期で。このタイミングで哲学対話をやったおかげかどうかはわからないですけど、その後の私たち家族は激しく落ち込んだり、学校に行けないというようなことも全然なく、穏やかに過ごせたように思っています。

自分の頭で考えられないのは怖い

川辺　第1回目は死をテーマに哲学対話をしたということですが、「こども哲学」は毎回死について話そうと思っていたわけではないですよね、きっと。高口さんが、そもそも「こども哲学」に興味を持った理由は死を乗り越えること以外にもあったのでしょうか？

高口　ひとつには、学校制度に対する不安がありました。先生に対する批判とかではなくて、学校という場所に対する不安というか。それは今もずっとあるんですけど、道徳が必修化されたり、息子が小学生になって保護者として教室の様子を見てみたら、先生が教壇の前にいて、すごく「管理」されているなあと思ったり……そういったこと全部ですかね。

川辺　どういう不安なのか、もう少し詳しく聞かせてください。

高口　私が子どもだった1980年代は、自由とか個性をとても求められた時代だったと記憶しているんですけど、私の息子たちを見ていると、「ちゃんとしなさい」と言われて、ちゃんとしていて、みんなが同じようにしている印象なんです。それが教室で求められているのかなと。

川辺　なるほど。

高口　でも、私としてはそれに従わざるを得ないような教室の空気がすごく怖いんですね。先生が言っていることが常に正しいわけじゃないし、親も常に正しいことを言っているわけじゃないし、国も常に正しいことを言っているわけではないです。他人が言ったことを本当に正しいかどうか疑うことができて、自分の頭で考えられるようにならなければ、怖いなと思ったんですね。

川辺　物事を批判的に捉える、みたいなことが重要だと思ったわけですね。

高口　たとえば、私の息子はとても素直なタイプで、人が言うことを何でも聞くタイプなんです。それはそれでいいところでもあるとは思いつつ、これからの時代を考えると、人から言われたことを何でも「はいはい」と言っていればいいとは思えないんです。

川辺　ちゃんと考えた上で、納得してそうするならいいけど、みたいなことかな。

高口　たとえば、「挨拶は大事ですよ」と言われて「はい」って言うよりも、どうして挨拶が大事なのかということを考えられる子であってほしいと思うんです。ところが、今の教育は、そんなふうに自分で考える子を育てようとしていないのではないかと感じています。

川辺　逆に言えば、「こども哲学」を学校でできれば、自分で考えたことを言葉にする機会になるとも言えるわけですね。

高口　そう思います。あと、「こども哲学」をやってみて、単純に私が面白いと思ったんです。

川辺　それ、ぼくも一緒です。どう役に立つとか、そういうことじゃなくて、そもそも哲学するのってすごく楽しいですよね！

高口　答えのないことを自由に話せたり、時間内にあせって答えを出さなくてもいいというのは、これはほんとに今、大人にも、子どもにも必要なことだなと心底思いました。

学校の教室でも、そういうことをやってほしいです。

川辺　実際、教科書に載ったということもあって、かなり哲学対話をやってるみたいですよ。

それにしても、お話を聞いていると高口さんは、子どもに対してこうあってほしいという姿がはっきりしていますね。突き詰めると、それはどういう姿ですか。

高口　言ってしまっていいのかなと思う部分でもあるんですけど（笑）、別に私と同じ道を歩んでほしいと思っているわけじゃ全然ないんですが、哲学者であってほしいという思いがあります。

川辺　職業としてではなく、哲学する人であってほしいということですよね。

高口　そうです。別に大学の哲学科に進んでほしいということではなくて、誰かに言われたことや、誰かに言われた道を、言われたようにそのまま進む子にだけはなってほしくないということです。自分の生き方とか自分の道を自分で切り開いて、自分がこうしたいと思ったことをそうできるような子になってほしいです。

そのためには、どうして友達は大事なのとか、どうして挨拶をするのかといったことを自分の頭で考えた上で、やっぱり友達は大事だよなとか、挨拶って必要だなって、自分で答えが見つけられるようになってほしいんです。

川辺　哲学者になってほしいのは、なぜだと思いますか。

高口　……うーん。保護者としての意見ですが、哲学的な視点がなければ、これからの時代は生き残っていけないって直感的に思っているからです。

川辺　哲学的な視点がないと、生き残れない！

高口　おそらくこれからの社会では、今まで以上に、受験でいい大学に行けば、それだけで人生安泰というわけにはいかない。それよりも、本当の思考力であったり、本当の教養を身につけないといけないと思います。それがどうやって身につくのかは結局、わかりません。自分で試行錯誤して、もがいていく中でしか獲得できない、そんな時代なのではないかなと思っているんです。

そんなふうに正解の見えない時代を生き抜かなければならないと考えたときに、「こども哲学」に行かせることがいいなと私には思えたんです。

川辺　なるほど。思考力だったり、教養を身につけないといけないっていう直感から、「こども哲学」がいいんじゃないかと思われたんですね。それは逆に言えば、思考力教養を持つ人と、持たない人の差が生まれているということなんでしょうか。

高口　思考力や教養の差というよりも、一部のエリートだけがうまく立ち回って世渡りしているような格差社会で、庶民の私が子どもに何を残せるかと思ったら、本物の教養や、知性なんじゃないかなと思ったんです。

川辺　そうか。僕はちょっと取り違えてしまったけど、要するに、庶民であってもエリートに対抗できるものはなにか、庶民であっても子どもに残せるものはなんだろう、と考えたときに哲学に行き着いたということなんですね。

高口　本物の知性といっても、それがどう身につくのかということはまさに答えがないことですから、「こども哲学」をやればいいとは限らないですけど、受験のための塾に行くよりは、考える場が必要だと思っています。

哲学は生きるために必要なもの

川辺　そもそも高口さんは、大学で哲学を学ばれていたんですよね。

高口　レヴィナスという哲学者がとても好きだったんです。レヴィナスは他者が絶対だという考え方をするんですね。自分は他者に対して絶対の責任を負うというような思想なんですよ。自分は他者に対して絶対の責任を負っていて、他者に対してすぐに応答をしなければならない、というような哲学を追求した人で、そこから神様への道に至るんです。

川辺　あ、もしかしたら、初めてこの本で哲学者の名前がでてきたかも（笑）。

高口　レヴィナスのせいにしていいのかわからないんですけど（笑）、学生時代の私は、他人は絶対というレヴィナスの思想を学びながら、「じゃあどうやって現実社会を生きていけばいいのか」っていうことにすごく悩んでいて、就職活動もろくにしませんでした。

川辺　レヴィナスに触れたから就職活動をしなかったのか、逆に高口さんが考えていたことがレヴィナスに行き着いたのか、そのあたりはわからないですが、とにかくレヴィナスの思想がフィットしたんでしょうね。

高口　たしかに私自身も、生き方が本当に下手なんだと思います（笑）。そんなわけで就職活動を一切せず、卒業して1年ニートをしていました。ところが「あっ、わたしニートを楽しめない」ということに気づいて。翌年から日本ジャーナリスト専門学校に通った後、編集プロダクションに勤めました。

編集プロダクションに2年勤めた後に結婚をして、すぐ妊娠したので在宅で子育てをしながらライターをずっと続けていきました。

川辺　じゃあ、2009年にご長男が生まれているから、7年とか8年とか？

高口　そうですね、2008年に結婚をして、すぐ妊娠をして。で、1年後に長男を出産しました。

川辺　お子さんが2人生まれたタイミングで、身内に不幸があった高口さんだからこそ、「こども哲学」への思いが色濃くあるんじゃないかなと思うんです。そのあたりはどうですか。

高口　たとえば「私が死んだら……」っていうことはよく考えます。私は子どもに金銭的には大きな金額は残せないので、もし私が死んだら、息子や娘は国から援助をもらったり、社会に頼るしかない部分もあると思います。

それでも道を踏み外さずに生きていけるようになるために必要なものが、私は地域とのつながりと自分自身の頭で生きていける力だと思っているんです。

川辺　さっきは本物の知性が身につくというお話だったと思うんですが、もうひとつ、高口さんにとって「こども哲学」の重要な要素に、地域とのつながりというものがあるんですね。

高口　東京で地域といっても、昔から住んでいる人たちと今の若い世代の親子って、断絶していてあまり出会いの場がないんです。

自分の地域にいる子どもたちと地域にいるおじいちゃん、おばあちゃんをつなげて、私がどうなったとしてもうちの子どもたちはここにいますよということを知ってもらうことが大事だと思っています。

私は、親だけで子育てを背負いすぎないで、地域で子どもを育てていくという考え方です。うちの子はこんな子ですよと、いろんなところで知ってもらうことが、子どもが生きていく上で一番必要なのではないかなと思うし、同時に、子どもが自分で自分なりの生き方を見つけられるという効果もあります。

川辺　なるほど。

高口　たとえ頭がよくなくて、学校での学力に問題があっても、自分らしい生き方を選べるようになってほしい。いい大学に行って、いい会社に入るというだけが人生ではないと思います。いろんな生き方があると思うから、それを自分で切り開いていってほしいです。

川辺　そういうふうに聞くと、哲学を学んでいた高口さんが「こども哲学教室」を仕事にしなかったというのは、実は考えがあるからなんじゃないかなと思うんですが、実際はどうでしょうか。

高口　子どもが自分の足で通える範囲の、生まれ育った町の中での豊かさが重要なんじゃないかなと思っているんです。

もちろん、遠くでつながる人もいて、その人との出会いもとても大切だとは思いますが、いかに地域の人たちに子どもを大切にしてもらえるか、見守ってもらえるかということが重要になると思っています。

安易な正解へ逃げずに考える力

川辺　お話をうかがっていて、子どもが自由に自分の考えを言えたり、言わなくてもいいと思えたりする時間が、家だけでなく学校でもあってほしいという、学校に対する親としての不安が高口さんのスタート地点だったように思います。

そのバックグラウンドに何があるのかというふうに伺っていくと、自分の子どもたちに親が残せるのは、地域とのつながりと、自分の頭で答えが出せる、自分の中で納得できる力しかないという考えが浮かび上がってきたように感じました。

高口　そうですね。でも地域とのつながりがあれば、哲学じゃなくても何でもいいっていうわけでもなくて。

私は哲学科で学んで、大学を卒業して、働いてから母になって、ようやく哲学というのは知識だけではなくて、自分の根本にある疑い続ける力とか、本当にこれでいいのかと常に問い続ける力を養うことなんだなと思ったんです。だから、私が哲学科に行ったのはやっぱり間違いじゃなかったし、行ってよかったなと今では思います。

今のような困難な時代だからこそ、こうやって疑問に思う力とか問い続ける力を身につけることが大事なんだなと。「こども哲学」をやってみて、よかったなって思います。自分の根本に、そういうものがあるということを再確認できました。

川辺　ちょっと脱線するんですけど、何で今、哲学が必要なんだと思いますか。2000年代でもなく、この2010年代後半に哲学が必要と感じる理由があるのかな、と思ったのですが。

高口　そうですね、そういうのがある気がします。

川辺　僕は高口さんのお話を伺っていて、「正義対正義」の話をしているのかな、と感じたんです。ある人にとっては、こうすれば世界がよくなると思っていても、それによって少し困る人も出てくるかもしれない。とはいえ、これが正義だと思っている人にとっては、ちょっと困る人が出るとしても、大方はよくなるからいいじゃないかという正義です。

高口　そうですね、私の娘や息子が、この困る人の側についたときに「いやいや、ちょっと待ってください」と言うのも正義ですよね。君の正義の犠牲になるのは僕だから、こういう正義にしてほしいと息子が言うのも正義です。

川辺　その場合、では、どちらの正義を採用するかという議論は、答えを自分で出せないと、どちらかに対して「賛成です」と言うしかないわけですよ。そうなると、「申しわけないけど、君たちの意見はなかったことにしますよ」ということになります。この正義でいくよと決めるときに、特にノーともイエスとも言わなかったら、これでいいってことになる。

高口さんの言う、これからの時代っていうのは、要するに正義対正義がぶつかり合う時代なのかなと思って聞いてみたんです。

高口　その正義対正義が、本当に対等な正義と正義のぶつかり合いだったらいいんですけど。

現代は、言ってしまえば、格差社会の中で大きな力を持った人たちがルールを決め、時代の流れをつくり、これでいいだろうとなってきている。それに対して、小さな力しか持たない私のような庶民が、大きな力に負けずにノーなことはノーなんだとか、おかしいことはおかしいでしょって、ちゃんと言えるようでなければならないと思うんです。

川辺　民主主義ってそういうことですよね。

高口　だから、小さな力しか持たない人たちの側が、それぞれ大きな力を持っている側にノーを突きつけたり、自分の考えをきちんと表明できる力をつけていないと、本当に恐ろしい未来しかやってこないという危機感があります。これは最初の学校の雰囲気に通じることなんです。

　そういった雰囲気がどんどん強くなっていくと、潰されてしまうのは、小さな子どもたちだったり、お金がない人たちだったり、私の子どもたちのような親を亡くした子たちだったりするので、子どもたちには、そうしたものに立ち向かえる力を持ってほしいと思っています。

子どものためになるかという疑問

川辺　「こども哲学」の活動を2年にわたって続けていらっしゃいますが、試行錯誤の中で、高口さんが悩んだこともありますか？

高口　これは子どものためになるのかなという疑問は常にあります。
　本当は私が子どもにこうなれと押し付けているだけで、自分の頭で考える子になってほしいとか、自分の道を歩める子になってほしいというのも、結局は親の私の思いに過ぎないのではないか。自分が親として子どもに哲学をやってもらうことに大きな壁があるなというのは、やればやるほど思ってしまいます。
　親が自分の子どもに対して思い入れがあって「こうなってほしい」と思うのは当然だと思いますが、それが子どもにとって本当にいいかどうかはわからないということを、常に感じていなきゃだめだなと思います。
川辺　哲学をしたくてするのと、哲学をやらされるのは全く逆ですよね。
高口　だから、自分の子どもが、「こども哲学なんかやりたくない」って言い出したら、やめるかもしれないです。今のところ、うちの子は本当に素直で、まだ小学生なので「楽しい」と言って私につき合ってくれています。
　私は自分の子どものためになると本当に思っていますが、それは結局、私のエゴかもしれませんし、自分の子にとってはどうかなというスタンスはいつも大事にしていて、「おやこ哲学」という名前にしようか、なんていうくらいいつも悩んでいます。

川辺　「おやこ哲学」どころか「おとな哲学」かもしれない（笑）。

高口　大人のためになっているという感じはするので、いつも悩みます。お金を出すのも親だし、連れてくるのも親だし。自分でこども哲学を見つけて、ここに連れていってくれ、僕は哲学対話に行きたいんだって言って来る子どもはいないんですね。通ってみればリピーターになる子もいるんですけど。

それでも、子どもにやらせたいという親のエゴがスタートにあることを忘れてはいけないとも思います。

川辺　「こども哲学」を始めた2年前の高口さんは、やっぱりそういうエゴのある保護者だったとご自身で思いますか。

高口　やっぱりそのときは、今も同じですが、これはいいものだ、これは絶対したい、絶対させたい、これはやらせないとだめだと思いました。今もそうです。

だからこそ、今でも続いているわけですが、今は私がやらなくても、周りにやってくれる人が増えてきたので、むしろ子どもだけ参加させて、私がいない「こども哲学」もいいなと思っています。

川辺　黒木さん（3章参照）のインタビューでも話に出ましたが、保護者じゃない人がやってる教室に通う良さもあるっていうことですね。

高口　こども哲学の場に親がいることの難しさは、常に感じます。本来は親子で話し合うべきことがあるんだけど、親子で話し合うのは難しいこともあるんです。たとえば池田さん（1章参照）のやってる「こてつ」に私の子どもたちを連れてって、私はのんびりカフェにいて待っているのもいいんじゃないかとも思うんです。

川辺　ひな鳥が口移しで親鳥からエサをもらう時期を終えるような感じですか。

高口　子どもとの距離が、ちょっとずつ離れてきた感じがするのは、子どもが成長したこともあると思います。そろそろ自分の好みだったり、好きな道を歩む時期にきているから、親がベタベタしないでちょっと離れていたほうがいいのかな、って思うときもあるんです。

川辺　「こども哲学」をご自身で始めた頃の高口さんは、そろばんやサッカーや進学塾のように、能力を身につけてもらいたくて通わせ始めた保護者とかわりない、同じだったということですよね。

高口　そうですね。結局、突き詰めれば同じだと思うんですよね。それは、私が塾は嫌だと言っていても、結局同じことで、志向性が異なるだけで好みの問題かもしれません。

川辺　だけど、「こども哲学」を積み重ねる中で、高口さん自身に変化があったという
ことですか。

高口　「こども哲学」に子どもを通わせ始めて、自分の子どもが言っていることが、気
にならなくなったんです。

川辺　どういう意味ですか。

高口　最初の頃は、自分で主催していても、私の息子が何を言うんだろうというのが、
すごく気になってたんです。

でも今は、自分の子どもが「こども哲学」の最中に何を言ってても、何も言わなくて
も気にならないという気分になってきた。

川辺　言わなくても気にならない、っていうのはいいですね。私の子どもだっていう所
有意識から、息子には息子の考えがあって、何も言わなくても考えているんだって捉え
られるようになってきたのかな。

高口　そうですね。幼稚園から小学生にかけての私と子どもとの距離感と、小学3年生
になった今の距離感は全く違うと思います。もっと言えば、たとえ我が子が参加してい
なくても、私は「こども哲学」の面白さだったり、必要性をすごく感じているので、続

けていきたいと思っています。

川辺　高口さんの関心の中心が「我が子」から「こども哲学」という場全体にずれてきて、そうするとほかの子も見えてきたという。

高口　そうですね。そんな感じがします。

子どもの言葉そのものに価値がある

川辺　「こども哲学」をやってみて、一番よかったことはなんですか。

高口　一番ですか……なんだろう……。子どもって、子どもそのものにパワーがあって、子どもそのものがすごいんだなということを、感じています。

川辺　もう少し詳しく教えてください。

高口　大人は子どもに、「こうしなさい」、「こうしたほうがいいよ」とつい言ってしまいます。私も息子たちに日々言ってしまっているんですが、そこには大人のエゴや傲慢さみたいなものがある。でも、本当は子どもが子どもらしくいることが大切なんだと思います。

大人になったら忘れてしまう、子どもの頭の中にある、いろんな大切なことがあって。だから、「こども哲学」は本当は大人のためにやってる活動なんじゃないかなと思っています。きっと「こども哲学」をやっている親は、みんなそう思っているんじゃないかと思います。

川辺　子どもも楽しめていれば、大人のためでもいいかもしれないですね。

高口　そうそう。私としては「こども哲学」は子どもにしゃべってもらって、大人が教わってるというのが実感としてあって、かえって子どもにありがとうと言いたいぐらいです。

だから、一番よかったことっていうと、私は、人って何てすごいんだろうっていうことを教えてもらったっていうことかもしれない。子どもがしゃべる言葉そのものに価値があるわけですから、大人が余計なことを教えてしまうと、その子どものよさが失われていくのではないかという危惧もあります。

川辺　もっと深掘りしていきたいんですが、どうして、子どもの言葉はすごいと思いましたか。ご自身が「こう思うからです」というので構いません。
感じ方は、皆さん、違うと思いますが、高口さんは、子どもがしゃべる言葉のどこがすごいと思いますか。

高口　子どもには常に世界が新しく見えているというのがすごいと思うんです。常に世界が真新しく新鮮に見えるという意味で、子どもは哲学者なんだなと思います。大人になったらどうして忘れちゃうんだろうって思います。

川辺　本当ですね。

高口　子どもは大人と違って経験が少ないだとか、見えてる世界が狭いとか、そういった違いはありますけど、子どもの世界への眼差しそのものが、子どものすごさだなって。
子どもの時期にしか許されない、本当に貴重な時期があるということを感じて、偏見の目でいろんな世界を見ている大人の自分が、常にはっとさせられるわけなんです。
そういう時期にしか発せられない言葉、もう絶対に大人には思いつかない視点から、一緒に世界を見たくて、自分のために子どもにやらせているのではないかなという感じがします。

川辺　そうだとすると、子どもは「こども哲学」なんてしなくても、哲学者だということとですね。困らせたいわけじゃないんですが、子どもに哲学を学んでもらう「こども哲学」っていったい何だと思いますか。

高口　たしかにそうですね。そう考えると、「こども哲学」って何だろうという気になります。それは難しい質問ですね（笑）。

ただ、子どもが世界に対して素晴らしい眼差しを持っているからと言って、それを言語化する場がないですよね。そういう場として、「こども哲学」は貴重なのかなということは言えるかもしれないですね。

川辺　「こども哲学」は世界への眼差しを言語化する場所だということですね。「こども哲学」のような場がなければ、子どもたちの哲学的なギモンも、彼らの心の中だけで閉じてしまったかもしれない。

でも、「こども哲学」という場所があって、うちの子や、ほかのお子さんの口から言葉として表現されて初めて「へぇ、そんなこと思ってたの？」なんて驚く瞬間があるわけですね。

高口　そうですね。あと、これは私が子どもじゃないからわからないですけど、子どもたちにとっても、自分がしゃべったことを誰かがちゃんと聞いてくれているというのが、やっぱり嬉しいのではないかと思います。

川辺　つまり、こどもが哲学者だとしても、その哲学者っぷりを聞いてくれる相手がいて初めて、哲学なんだと。

高口　学校の授業だと子どもたち一人ひとりが話せるほどの時間も割けないだろうし、先生も忙しいし、子どもがゆっくりしゃべって、しっかり周りの人に聞いてもらって「そうなんだ」と言ってもらえる場は、多くありません。だから、思ったことを、つたなくてもじっくり聞いてくれる人がいるということが、安心感につながっていくんだろうなという気がしています。

川辺　哲学者に安心を提供していると。

高口　居心地がよくて、この場で好きなことがしゃべれる、内容のいかんにかかわらず、好きなことをしゃべって、ああ、よかったと思う子がいるということが重要な気がします。その子がその場を必要だと思って来てくれるのであれば、大人としてぜひ続けたいと思います。

川辺　「こども哲学」を始めた頃の高口さんは、旦那さんの死が大きくて、それをきっかけに、もし私がいなくなっても、この子たちが生きていける場と力を与えてあげようと思ったんですよね。

旦那さんが亡くなった後、その場と力の両方を大切にしながら、いろんな活動に取り組まれた。でも今は、「こども哲学」で自分のお子さんが何かを身につけるとか、誰かとつながるとかってことから関心が移りつつあるんですね。

高口　そうかもしれないですね。

川辺　ご主人が亡くなったことがある種のエンジンになって、高口さんは爆発的な速度で息子や娘のために飛び回っていたけれど、あるタイミングで「もう自分の家族だけじゃなくて、必要としてくれている人のために動いていいんだ」と思えるようになったんじゃないかなという気がするんです。

高口　そうですね。自分の人生の話になると、人生っておもしろいと思います。あのときはあのときで必要だと直感したことを必死にやってたけど、2年経って、今に至って、やってよかった。必要なことをやれたなという感じがしますね。「こども哲学」というと、こどもがつくだけに教育的効果に関心がいきがちですが、別に教育的効果がなくともこの場はいい場なんだよって思います。

川辺　それは、どのような意味ですか。

高口　全ての人にとってそうだとは言わないけど、この場を必要としてくれる子がいて、そういう子にとって居心地のいい場所であればいいのかなと思います。当初の目的だった我が子への思いとか、我が子のためにと思っていた感覚から離れて、自分のためというか、自分の人生を生き直してる感覚が私自身あるのかな。それは最初から最後まで、どの活動も結局そうだと思います。

生きやすい社会をつくることが究極の子育て

川辺　ぼくは、実は「こども哲学」をやり続けるということは、必ずしも「こども哲学」という形にこだわるということじゃないんじゃないかって思うんです。「こども哲学」で得たことを、子どもに合わせて、あるいは自分に合わせて、新しい活動に生かしていけばいいんじゃないかなって。

もし我が子から「場」へ、もっと言うと、社会に対して関心がシフトしていったんだったら、それはそれで素晴らしいなって。そういう意味で高口さんに質問したいことがあって、2年前の高口さんは選挙に出るなんて思っていなかったんじゃないですか。

高口　思っていなかったです。2年前どころか、もともと政治家になるなんて、これっぽっちも思ってなかったんです。

川辺　そうですか。というのも、「もしうちの子がいなくても、こういう場を続けたい」ってさっきおっしゃったことと、選挙に出て地域に対して自分が貢献したいと思うことって、根底でつながってるんじゃないかなって思ったんです。

高口　つながっている気がします。地域のコミュニティーの場をつくったり、「こども哲学」の場をつくったり、あるいは選挙に出て、子どもが育つ地域をよりよくしていく。広い意味で、そういう場づくりこそが、めぐりめぐって我が子のためになるって思いがあってやってる感じですね。

　私にとっては最高の育児のつもりでやっています。常に我が子のためだと思って、社会活動をやってる感じがします。

川辺　子どもを見守ることを親が提供する家族もあれば、親がいなくても周囲が提供してくれる環境もあって、どっちにしても、子どもを見守ることには変わらないから、どっちがいいというわけではない。高口さんは、後者のほうを選んだということですね。

高口　そうですね。ただ年齢による違いっていうのはあって、小さな子どもにとって、ほかの誰でもなく親がそばにいるべきだというのは、その通りだと思います。ちょっと家を空けすぎかなということはあるので、その辺はバランスをとらなくてはならないと思います。

川辺　それを聞くと、社会に関心がうつりつつある高口さんはある種の、究極の子どものためのゆりかごを作っているというか、なんかそんな感じがしますね。

高口　いえいえ、そんな……。私がやっている活動って、ほとんど上の子に焦点が当たっているんですが、下の子は上の子とはまたタイプが違います。そこが面白くて難しいところなんですが、上の子はわりと場さえ私が用意したら私から離れて、ほかの人と自然にコミュニケーションをとれる子なんですけど、下の子は私にずーっとべったりしているんです。

でも、下の子が幼稚園の年長になったので、そろそろ下の子向けの「こども哲学」もやってもいいかなと思っています。

暮らしの中にある哲学が理想

川辺　今お話しして出てきたような子どもの特性にも、話題を移してみたいんですが、上のお子さん、つまり息子さんにとって「こども哲学」の効果や影響ってあったと思いますか。

高口　子ども自身で自然と成長する部分もあると思うので、「こども哲学」の影響かどうかは、厳密には語れないとも思いますが、息子に関して言えば、やっぱり人前で話す力、人に対して自分の言いたいことを言っていいんだという安心感を得たのは、「こども哲学」をやったことが影響しているんじゃないかと思っています。
　自分の思っていることを人に聞いてもらえる場があるんだっていう、その安心感があるのかなという気はしてます。

川辺　ネガティブなことはないですか？

高口　別にネガティブというわけじゃないんですけど、息子に関して言えば「こども哲学」に何年通っても、なかなか身につかないのは、聞く力でしょうか。本当は、それをすごく大事にしてほしいんですけど。

回数を重ねれば重ねるほど、自分の言いたいことだけ言ってしまう傾向があるように思います。

川辺　聞いてほしいという思いがあるのかもしれないですね。

高口　彼にとっては「こども哲学」はホームグラウンドっていうか、何と言ったって自分のお母さんが主催してるから（笑）。安心してしまって、すぐふざけ始めたり、はしゃいだり、ほかの子の邪魔をしたりすることがあります。

別にイスに座ってなくたっていいんだけど、ほかの子が集中できないので、やってはいけないことを、みんなで話し合ってルールをつくったこともありましたが、人の話をちゃんと聞いて、じっくり考える力がまだまだついてないなって感じがします。

川辺　逆に言うと、今、走り回ったり、ほかの子にちょっかいを出したりすることが、ポジティブにとらえられる部分はありますか？

高口　どうでしょう……。私が主催している「ねこてつ（ねりまこどもてつがく）」の中で、ほかの仲間のママ2人の子たちと仲よくなって、その結果、みんなで騒ぐんですけど、その子たちの仲が深まったっていう意味ではポジティブな面はあるかな。回数を重ねているから仲よくなって、結果ふざけてしまうところもあるんだと思うんですけど。

川辺　もし、お母さん方に対して、子どもがふざけたいというサインが出せるようになったというふうに捉えるとどうですか。つまり、こういうことをしたいんじゃなくって、自分は友達と遊びたいんだというサインが出せるようになったというふうに捉えられたら。

高口　「こども哲学」もやりたくて、話すのも好きだけど、ずっとやっていると飽きちゃうみたいな感じはあると思います。以前は子ども同士の対話を2時間やっていましたが、途中で飽きてしまうんです。1時間やると、緊張の糸がぷっつりと切れて、あとの1時間はきゃーってなります。

川辺　2時間ずっと哲学し続けるのは大人でもキツイですよ（笑）。

高口　大人でも、そうですよね。

川辺　じゃあ、今は子どもたちが飽きない程度に、バランスをとりながらやっているんですね。居心地がいいと思ってくれている子がいるなら、今後も続けていきたいっておっしゃっていましたね。

高口　そうです。需要がある限り。本当は月に1回ぐらい家を開けて、来たい子がいたらやりましょうというぐらいのスタンスでやりたいです。地域に開かれた家が理想で、子どもたちが勝手に来て、うちの本棚の漫画を読んでいくみたいな感じがいいなぁと思ってます。

子どもが勝手に遊んで、漫画読んで、じゃあ、30分ぐらいみんなで話そうかみたいな感じの哲学対話をできたら、いいですね。

川辺　それは暮らしの中にある哲学ですね。

高口　そこを目指したい気はします。

川辺　今までと、また違うスタイルの「こども哲学」が生まれそうですね。まさに、教育目的から完全に「居場所」としての哲学というか。

高口　実はそれを狙っていて、哲学って何なのかというと、結局「わかり合い」だと思うんですね。

川辺　「わかり合い」――初めて聞きました。

高口　自分が考えていることを他人に伝えて、人からそうじゃないと言われたら、議論を深めて、一瞬でもわかり合っていくことの喜びがきっとあると思うんです。私もずっとそれを求めてきました。「居場所」としての哲学が浸透すれば、もっと生きやすい社会になるような気がします。

――高口さんは2018年4月、東京都練馬区の区議会議員に当選しました。2年前にこども哲学を始めた頃には、自分が政治家になるなんて想像もしていなかったといいます。

子どもと過ごす時間をつくるだけでなく、自分がいなくなったとしても自分の子どもと地域の子どもが生きやすい社会を作ることが、高口さんにとっての我が子への愛だと自覚しているそうです。

5章

「子どもが見る世界」を覗けるようになった

――安本志帆さんの場合

安本さんは……

――名古屋市内の大学で事務職員として働いていた安本さんは、高校まで知識詰め込み型の学習を積み重ねてきた学生が大学に入学して「自分の考えを表現する」ことに四苦八苦する姿を見て、子どもの頃から考える力を身につける必要があると考えるようになりました。

そんなときに、大人同士の哲学対話「哲学カフェ」に出会い「こども哲学」を知るきっかけを得たそうです。その後、まずは自分の息子と、同年代の近所に住む子どもや、友人の子どもに声をかけて、無料で哲学対話をスタートさせました。

広汎性発達障害と診断されていた息子が「こども哲学」の活動の中で、みんなの意見を聞き、ゆっくり考え、鋭い質問や意見を出すようになったとのことで、詳しいお話を聞いてみました。

考える力を身につけさせたいと思っていた

安本　私は、長男が3歳になる頃から、名古屋の大学で職員として働き始めました。そのため、現役の大学生、しかも実験続きの理系の学生と一緒に働いて、毎日ずっと学生と一緒にいたわけです。

川辺　「同じ釜の飯を食う」みたいな感じですね。

安本　そうですね。しかも、徹夜で実験に取り組む学生も少なくありません。朝出勤したら、白衣を着た学生が倒れ込むように寝ているということもよくありました（笑）。大学生と接する中で、気づいたのが、「暗記教育」の弊害です。中学、高校で暗記ベースの学習を強いられてきて、自分で考えたいことも考えられずに来て、いきなり大学生になって、「さあ、研究しろ」って言われるんです。自分の好きなテーマを研究しろ、ってそんないきなり、できるわけないですよ。

学生が何から手を付けていいかもわからないのに、当時の研究者の先生たちは、なぜ学生が研究のやり方がわからないのかを理解できない。

それで、私は先生と学生の間に入って、「これまでの教育が詰め込み式なんだから、急に自分の好きなテーマを研究しろって言ったって、できるわけがないですよ」とか言って、よく仲裁していました。

川辺　好きなことを選ぶとか、自分のテーマを決めるって、暗記教育が関係しているかどうか以前に、なかなか難しいことですよね。

安本　はい。そんなことがあって「学生が悪いんじゃなくて、教育が悪いんじゃないか」ということを問題意識として持つようになりました。本来、学生たちはいろいろ意見を持っているし、もっと自分で考えられるんです。なのに自分で研究ができないっていうのは、培わなければいけなったところが、すっぽり抜けてるということなんだと実感しました。

だったら「大学生になるまでに、できることがきっとある」と思い、アンテナを張っていたところ、哲学カフェにたどり着き、自分でも活動を始めたんです。

川辺　哲学カフェに初めて行ったのは、いつぐらいですか。

安本　２０１５年に、南山大学の奥田太郎先生の哲学カフェを初めて体験したんです。私自身が哲学カフェに参加して、「これこそ子どもに必要なものだ」と強烈に思ったんですよ。哲学カフェのあり方とか、哲学カフェでやっていることが、大人ではなく子どもにこそ必要なことだと直感的に思いました。それは、あくまで直感なんですけど。そこから、「こども哲学」のことを調べ始めたんです。

川辺　初めての哲学カフェは、子どもに向けたものじゃなくて大人しか来ていなかったんですか。

安本　はい。それこそおじいちゃんが、普通に参加している町の哲学カフェでした。そのときのテーマは「別離」でした。

川辺　大人の哲学カフェに参加をして「うちの子にこそ必要だ」と思ったんですか。

安本　そうなんです。教育として、子どもたちに必要だと思いました。

川辺　なるほど。その、教育活動の屋号みたいなものってあるんですか？

安本　クラファ（CLAFA）です。「子どものファシリテーション力やリーダーシップの能力を育てたい」という思いを込めました。

川辺　じゃあもう、私なんかよりずっと前から活動されているんですね。

安本　「こども哲学」に出会う前から、クラファのコンテンツのひとつとしてディベート教育をやっていたんです。でもそれだけじゃなくて、ほかにもやってみたいと思っていたときに、「こども哲学」に出会ったんです。

自分が哲学的に考えることが好きということと、それを子どもの教育に活かすというところが、「こども哲学」に出会うまでは全然結びつかなくて、そもそも、自分が哲学的に考えることが好きなんだということも自覚もしてなかったという感じで。

川辺　あぁ、でも、働いているうちに、哲学が好きだったっていうこと、忘れちゃうかもしれないです。ひさしぶりに「あぁ、こういうこと考えるのって楽しいんだよなぁ」って、子どもたちと哲学すると思い出すみたいなところ、僕にもある（笑）。

安本　私の場合は、日本に哲学教育がないからじゃないかなと思います。小さい頃に哲学とちゃんと出会ってなかったから、「私が好きなのは哲学なんだ」というのを、知らなかったっていうのもあったと思うんです。

川辺　クラファという活動を始めようとしたとき、法人にするかどうかと悩んだりされたと思うんですけど、最初はどうやって。

安本　最初は個人事業主でやりながらでした。自分としても実践の場が必要だから、近所の子を集めたり、友達の子に来てもらったり、いろいろなことを試していました。

川辺　近所の子や、友達の子ですか。

安本　はい、「やらせてもらう」「子どもを貸してください」くらいの感じでした。それを重ねていくたびに、子どもから学ぶことがたくさんあって、こういう活動を続けていこうという思いが強まりました。

でも、これ！　と思えるコンテンツを、自分でつくるまでの能力がなくて、どうしようどうしようと思っていました。そんなときに、「こども哲学」と出会って、それと同時期くらいに、大学生の能力の高さに目をつけたんです。

川辺　要するに、大学生に手伝ってもらおうという（笑）。

安本　そうです（笑）。大学生たちは、たしかに未熟なんだけれども、子どもに一番近い大人だし、すごく頭が柔らかくて、私は同世代の人とか、私より年上の人とお話しするよりも、大学生と話すほうが楽しいし、彼らからは学ぶことがたくさんあると思っていました。

たとえば教員になりたいという大学生もいたし、教員になりたいわけじゃないけど教育学を研究したいという大学生もいて、私の近くにたくさん先生がいることを発見したわけなんですよ。

川辺　職場も大学ですしね。

安本　そうそう。それで、哲学対話の場で出会った教育学科の大学生と仲よくなって、子どもに何か教えてくれないかと頼んでみたんです。教えるというのは、自分の学びにもつながるじゃないですか。子どもも喜ぶし、子どもから学ぶこともたくさんあるからと説得して、学生と子どもの学び合いの場をつくったんですね。それをつくったことが、私の活動の幹になっていきましたね。

川辺　大学生という仲間ができたわけですね。

安本　私もそのときフルタイムで働いていたので、土日くらいしか時間が空かなかったし、個人事業主としてやっているにもかかわらず、事業性がゼロというのが一番の問題でしたが、「まあ、いいか」という遊びの延長でスタートしました。

何も生まれなくてもいいことが価値

川辺　そして、哲学カフェに出会ったときに「まさにこれだ」と思った。ディベートやほかのプログラムもいろいろ考えていたにもかかわらず、哲学対話が安本さんの心に響いた最大の理由は、何だと思いますか。

安本　たぶん、「何も生まれなくていい」からでしょうか。

川辺　なんかいきなり、深いですね。詳しく教えてください。

安本　たとえばディベートだったら、勝ち負けがあるし、こういう教育効果がありますよとか、ここから子どもがこんなふうに成長しますよといった、具体的な成果が見えやすいから保護者はそれに対価を払うみたいなことがあって。もっとも、それは当たり前なんですけど……。

でも、哲学対話に関しては、何も生まれなくてもいいことが価値みたいなところがあります。これが、多分私の心に響いた理由かなと思います。教育的な観点から言うと、答えがないことを好きなだけ考えたいと子どもが思ったときに、「それがいいんだよ」って言ってあげられる環境がなかったんですね。教室運営をする上で生産性を重視してしまうっていうか、何も生まれないことをひたすらやって許される活動って、なかなかないはずです。厳密に言えば生まれているものはあるんですけどね。

川辺　たしかにそうですね。通わせる保護者の側からしても、何が身についたのかとか、何がわかったのとか、お金を払っているのだから対価に対する答えが欲しいんですよね。

そうなると、2015年に安本さんが「こども哲学」をスタートさせたときも当然、保護者に対して、これに通うとどうなるのかって説明が必要でしたよね。

安本 そうなんです。そこは、さんざん悩んだんですけど、やっぱり説明できなかったんです。当時はお金をいただく責任として教育効果を見せなきゃいけないと思っていたから、1時間あったら、一応、対話の帰着点を設定しようと思った時期もありました。ちょっとモヤっとするけど、誰もがわかる議論の深まり感に注視してやったこともあったんです。けれども、やはりそれは哲学対話の意義とは違う感じがして、すごく悩みました。

川辺 哲学対話で結論が出ることってなかなかないですもんね。

安本 しかも事業としてやるとすると、お金をもらわなきゃいけない。しかし、お金をもらおうとすると、お金を払う保護者側に、「これがこうなります」という効果を見せなきゃいけない。それを求められているのに、やりたくないわけですから、ものすごいジレンマがあったんです。

川辺 お金を払うっていう行為が、教育効果との交換に成り下がっちゃってる。

安本　だけど、今はそれはもういいやと思ってます。「何も生まれなくてもいいというこことが価値なんだ」というのが、本当は一見何も変わらないこの営みにこそ生まれることがあるんだというのが、いろいろやっていく中で伝わるんじゃないかなっていうふうに思うようになりました。

「こども哲学」をやって、〇〇が身につくってどう説明したらいいんだろうかという迷いは、今の私にはないという感じがします。

「こども哲学」では利点になった息子の発達障害

川辺　教室を始めた頃っていうのは、対象年齢はどうしていましたか。

安本　そのときの対象年齢は小学校低学年でしたね。自分の子どもが1年生だったからというのが理由です。

川辺　ということは、お子さんも参加をしていたんですか。

安本　はい。私が主催する回にはほぼ100％参加しています。

川辺　そのあたりはいかがでした？　お子さんも参加しながらの運営は、楽しかったですか。

安本　当時は、やりにくいところもありました。うちの子は発達障害があるということもあって、じっとしていられなかったんです。我が子なのに、手を煩わされるっていう点では、正直すごくやりにくかったですね。

川辺　逆に言うと、それ以外でやりにくさはなかったですか。つまり、母でありながら、ある種、進行役という社会的な存在にもなることの苦労というか。

安本　そこはあまりなかったですね。大学で働くより前、私は幼稚園に勤めていたんです。だから大勢の子どもを相手にするっていうことには慣れていて。いいのか悪いのかわかんないけど、息子を「我が子」として見るというよりも、ひとりの子どもとして見るクセみたいなものがあるんです。

たとえば子どもがけんかして帰ってきたとき、こんなことがありました。「その言い分はわかった。でも、相手のお友達は何て言っているのかママは知らないから、それは何とも言えない」と、中立の立場で言ってしまったんです。

川辺　我が子の気持ちをストレートに受け止めずにね。

安本　そうです。つまり、いつも「教師目線」で言ってしまうわけなんですよ。そうしたら子どもが3年生くらいのときに、「ママはほかのママと違うね」って言ってきたんです。「ほかのママは、自分の子が悪くても味方するし、学校に文句も言ってくれる」って。「ママはそういうことはしないよね」と言われて、そこではっとしました。

つまり「母親として」という姿勢で進行役に臨むことがあまりなかった。なので、母親だからやりにくい、っていうのは私の場合はなかったです。

川辺　そうかぁ。「じっとしていなくて大変」というところは、どうやって克服されていったんですか。

安本　克服というより、子どもが慣れてきたんです。あくまで、私の子どもの場合なんですけど。私の子どもにとって、「こども哲学」は子どもなりの知的好奇心を満たすものらしく、楽しいんです。だからだんだんと場を引っ張ってくれる存在に変わっていったんです。

川辺　じっとしていないけれども。

安本　相変わらずじっとはしてないんです。けど、ほかの子もじっとはしてないですから（笑）。でも子どもはちゃんと聴いているんです。最近では、息子がじっとしていないことは、目立つわけではなく、どちらかというと、「場を引っ張る存在」になりましたね。

川辺　ほかの子もじっとしてないですよね。発達の問題とかじゃない気がします。とにかく気にならなくなってきたんですね、安本さんにとっては。

安本　そう。だから今はこども哲学の講師を頼まれることもあるんですけど、初めての現場でちょっとここ大変かななんて思うときは、息子を連れていくんです。現場サイドに「息子を連れてっていいですか？」と聞いたら、大体「いい」と言われます。連れていくと、必ずいい仕事をしてくれるんです。

川辺　もはや仕事のパートナーですね。

安本　うちの子どもは対話にも慣れているから、しっちゃかめっちゃかな対話の中でも、ポンといいことを言ってくれたりするんです。こっちは何も教えていないけど、哲学対話が好きだから、すごく楽しい場を作ってくれるんですよ。だから、影武者要員として頼っています。

川辺　そうかぁ。僕のイメージしていた感じと全然違う。お子さんと主宰するのって、難しいというイメージだったけど、むしろ頼りになる相棒なんですね！

安本　はい。私は完全に頼っています。息子が来てくれないと、逆に「対話が回るかな」って思うくらいのときもあります。「対話のための人形をつくったほうがいい」とか、「防災キャンプで哲学対話をすればいいんじゃない？」とか、いろいろとプランを出してくれるし、ユニークなアイデアも出してくれます。

教育効果よりも心のケア

川辺　今のお話を聞いて僕が思うのは、果たして息子さんが慣れたのか、安本さんの認識に変化があったのか、どっちなんだろうっていうことだったりするんです。「こども哲学」の活動をしたことによって、安本さんが「変わったな」と自分自身で思うことはありますか。

安本　私自身は、ものすごい変化しています。たとえば活動当初は、教育視点でこども哲学を始めたんです。でも今は、こども哲学を「教育視点」としてだけでは捉えていないんですよ。

川辺　たしかに、そういう教育効果がどうのこうのって説明はもういいやってさっきおっしゃっていましたもんね。

安本　そう。それで、今は「こども哲学」を心の「ケア」あるいは「リカバリー」の場としても捉えているんです。

川辺　教育効果よりも、福祉的な視点っていうことですか。

安本　どちらかというと、福祉的な側面になるのでしょうか。どういうことかというと、安全な場で哲学対話をすることによって、自分の嫌なところにも向き合わざるを得ないときがあるんですよ。それは短期的に見ると、すごく心が痛かったりとか、つらい気持ちになったりもするんですけど。

川辺　思っていることを口に出してみて、自分の発言にがっかりするみたいな。

安本　自分の発言というよりも、他者の意見を聞いて初めて、自分の立っている位置が客観的に理解できるようになるみたいなことですかね。自分の見ている世界が変わるというか、日常の中でどうも相手と理解し合えないと思っていた理由が、そういうことかってわかっちゃうというか。

たとえば発達障害や、精神疾患のような、今生きづらさを感じる状況にある人にとって、対話の力によってこれまで彼らが見えていなかった生きづらさの生じやすい状況が見えやすくなって、結果、傷が癒やされたり、生きたいと思う力が戻ったりすると仮説を立てたんです。

川辺　過去の出来事を思い起こしながら、「あのとき、あの人を怒らせちゃったのは、そういう理由だったのかも」みたいなことに対話の最中に気づくとか？

安本　そういう感じ。しかも「リカバリーされている人」を見たとき、リカバリーする必要のない人も、対話から何か学ぶものはあるんです。相互に理解し合う、学び合うと言えばいいのかな。

「対話が生む力」というのは、はかり知れないものがあります。思考力としての教育だけではなく、私はどちらかというとケアやリカバリーのほうに興味があります。

川辺　安本さんが「教育」という営みのひとつとして子ども哲学に出会ったときは、目玉焼きでいうと、まだ黄身が1個の状態で、その黄身を捨てたかっていうと、そうではなくて、むしろ目玉が2個になった。「教育」の黄身はやっぱりありながら、安本さんの中にもうひとつ、「ケア」とか「福祉」という黄身ができてきた。そして、この2つは今、共存している。そういう感覚を持つようになったという感じですか。

安本　そうですね。「教育」がなくなったわけじゃない。でも、それだけじゃない可能性みたいなものを「こども哲学」で見つけてしまったというか。そしてこのような包括的な営みこそ「教育」と呼ぶのにふさわしいのではないかと思ってしまったというか。

「発達障害」というラベルを外せる

安本　教育的な側面からケア的な側面に関心が広がったっていう話と関連しているんですけど、哲学対話をするようになってすぐに、私の中で仮説ができたんです。それは発達障害の人と哲学対話は相性がいいのではないかということでした。

川辺　どうしてそう思ったんですか。

安本　発達障害の人と対話をしていて感じることのひとつに思い込みに似た囚われが強い事で苦しんでいる人が多いなというのがあります。

川辺　あれ、それ僕もだなぁ……。

安本　二つ目は、自分が貼られた「発達障害」というラベルによって、安心もしているんだけど、それによって苦しんでもいるということです。

川辺　生きやすくもなるし、生きづらくもなると。

安本　「発達障害」というラベルがあると、守られるのは事実なんです。けれども、それによって苦しみも生まれている。その制度による苦しみというのが、哲学対話によって外したり減らしたりすることができるっていうふうに、私は見えたわけなんですよね。だから、やってみたいというか。

川辺　どうしてラベルがはずせるんですか。

安本　簡潔にいってしまえば「いろんな側面から物事を捉える」という機会に恵まれるからと思うんです。

たとえばひとつの出来事でも、Aさんはここから見ているけど、Bさんはここから見ていて哲学的に考えることの醍醐味として、当たり前を疑うことができることがあると思っているんです。

「発達障害」だと診断された人たちは、それを粛々と受け入れているんですよ。だけど、そもそも「発達障害」というのは人間が恣意的に決めた枠でしかないんです。だってどこを探しても「発達障害」なんて障害は少なくとも目には見えないでしょ？　なのに、さも「発達障害」という障害が目に見える自分のどこかの部分にあるかのように苦しんでいる人が少なくないように私には見えています。

そんな視点に着目しながら対話できるのが哲学対話です。対話をしていると、対話の最初に発言していた内容とは違った意見や自由な想いが出てくるような感覚があります。何の枠組みもない、どこの何者でもない自分で世界を見るのは難しいかもしれないけど、少なくとも「発達障害」の自分というラベルからは開放されるんです。

そして「哲学対話」という場では、ひとつの正解があるとは限らないわけだから、いろんな見方が許される。その中には、対人関係での過去のトラブル時に、相手がどう思っていたかなんて考えたこともなかった人が、「ああ、そういう考えの人もいるのか。だから私はあのとき、あの人とうまくいかなかったんだ」って想像がしやすくなってしっくりきちゃうこともあるんです。

川辺　なるほど。何か具体的なケースがあったんですか。

安本　はい。大人になってからアスペルガー症候群と診断された方が私の主催する哲学対話に来てくれた時の話です。その方は、子どものころは「どうしてあんたはそうなの？」と母親からなじられ続け、大人になって発達障害があると医師に診断されてからは、今度は母親に事あるごとに「障害があるのだから」と障害者扱いをされていたので、母親に対して強い反発心があったんですね。

その時、私は進行役ではあったのですが、一人の参加者として、息子に障害があると診断された母親がどんなことを思ったり考えたりしているかを率直に話したんです。

川辺　その方のお母さんのことはわからないけど、似たような立場の経験がある保護者として安本さんの個人的な意見を言ったわけですね。

安本　そしたら、それがその、参加者の方にはすごくわかりやすかったそうなんです。その方は自分と母親との関係を、私と息子の関係に当てはめて客観的に想像しながら考えることができたんです。

川辺　ケーススタディみたいな感じですかね。あてはまるケースが目の前にあって、本人の言葉で聞けるっていうのは心に迫りますね、きっと。

安本　それで、最終的にその方から、「僕はこれまで母親に対してつらく当たりすぎたかもしれない」という言葉が出たんですね。

哲学対話だから答えを出さなくてもいいよね、どれかひとつの意見が正しいってことにならなくてもいいよね、っていう前提を共有し合えている対話だからこそ、私みたいな違う立場の人が「私はこうだった」と言ったことが、めぐりめぐって発達障害の特性を持つ人たちにとってのメリットになることもあるのかな、って感じたんです。

「問いにする力」が対話のしやすさにつながる

川辺　僕自身もわりと思い込みが激しいんですけど、ひとつは思い込みが激しい人や、人のことを想像するのが難しい人にとって、目の前の人が違う視点を自分事として話してくれることによって、想像しやすいということはあるかもしれないですね。わかったような気になるというか。対話を通じて相手の考えに思いをはせることができるようになってくると、そもそも「発達障害」という診断がついた人がそのラベルによって苦しむことも減るのかもしれないですね。

安本　そうなんですよ。想像力が乏しかったり、相手の気持ちを理解するのが難しい人にとって哲学的な視点から具体的な事例を目の前で提供されるという、安全な環境での経験が、苦しみの大きな要因となっている「ラベル」そのものを問い直すこともできるかもしれないということなんですね。

川辺　そう考えたときに、安本さんの息子さんは、「こども哲学」というものにかかわって、自分自身の障害に対する認識に変化があったように思いますか。

安本　障害に関する認識については、まだ小学生ですし変化したかどうかもわかりませんが、「不思議だな」と思ったことを問いの形にすることが、とても得意になってきたので、素晴らしいことだなと思いますね。「不思議だな」と思うセンサーの感度が上がるということは、客観的に世界を見ることへの第一歩だと思うので息子の「ラベル」への意識には影響すると思っています。

川辺　息子さんの場合、問いを立てるというのは、言語化するという感じに近いですか。

安本　そうですね。保護者としてなんですが、息子が何に関心を持っているのか、何に疑問を持っているのかっていうことは、言語化してもらうことが一番理解できると思うんです。たくさんの問いが、息子たちの中にはあると思うんだけど、なかなかそれを日々の会話でやりとりすることってないんですよね。もちろん、よく観察していたらわかるんですけどね。

ただ、保護者もそれなりにやることが多くて、忙しくて、そこを拾えるかどうかというのは、子どもの姿や発言にかなり注意していないと見逃したり聞き逃してしまうと思うんです。

川辺　息子さんが考えている疑問を、問いとして出してくれるようになったっていうのは、結果として息子さんにとっていいことだと。

安本　そう思います。「問いにする」「問いにしたことを言ってみる」というのは、言う力、スキルだけの問題じゃなくて、「言ってもいいんだよ感」というところにあって、親子のハードルや距離を縮める何かになるかなと思います。

川辺　たしかにいろいろな疑問を思いつくとしてもそれを言っていいのか、っていう安心感がまず必要で、さらにどう伝えればいいかっていうスキルの話もあるわけですよね。

言語化できるようになっただけじゃなくて、親子の関係が安心して何でも言える関係になっているということでもある。だから「問いを立てる」というのは、言語化する能力が身につくだけではなくて、安本さんとお子さんの間に安心して何でも話せる関係が築けるようになるということですね。

安本　そうですね。これから、ちょうど思春期なので、そういう関係があるといいですね。

でも、「真剣に話す時間」というのは、子どもにとって楽しい時間みたいだから、話したいと思ったことが悩みや困りごとに直結していなくてもいいかなとも思います。他愛もない疑問について「僕はこう思うな」「私はこう思うよ」などと親子で話すだけでも、すごく幸せな気分になります。

子どもの見ている世界が見えることは幸せ

川辺　安本さんがそんなふうに「子どもたちとの関係性が変わった」とか、「子育ての捉え方が変わった」って思った瞬間はありますか。

安本　具体的にこの瞬間にっていうのは思い浮かばないですが、基本的な子育ての考え方は変わっていなくて、「大事にしてきているものの中にこども哲学があった」という感じです。私の中で大事にしているものは、昔から一切変わっていないです。ただ、「こども哲学」に出会ったことで、私のやりたいことや大事にしていることが、より深められたという感覚はあります。

川辺　どんなことですか。

安本　たとえば下の子が、「鳥さんは何でお空を飛ぶんだろうね」なんて言うんですよね。「こども哲学」に出会う前の私だったら、何で飛べるのか調べてみようというふうに、つまり「答えを出そう」という活動をさせていたんですよね。

でも、あるとき「こども哲学」に出会ってから、答えは見つからなくても何でだろうっていうふうに、自分の中で一生懸命考えるっていうことも素晴らしいよな、って思うようになったんです。

科学的な知識にたどり着くことよりも、子どもがそのときの年齢にあった自分なりの世界観の中で、ああじゃないか、こうじゃないかと想像をめぐらせることを、私たち大人が共有させてもらえるということ、この営みを何て幸せなことなのだろうと思うようになりました。

川辺　高口さんも、子供時代にしか見られないものがあるっておっしゃっていたんです。

それを味わいたいって。

安本　そうそう、本当に今日しかそんなこと言わないし、思わないよね、っていうような、その年齢の貴重な発想や疑問を聞かせてもらえるというか。一緒に子どもの世界を見ることができるというか。そういう素晴らしさは、「こども哲学」に出会ったから、子育ての中で得られたことだと思いますね。

この言い方が合っているかどうかわからないけど、「世界を得た」というか、別の世界、見えていない世界を見ることができるようになった、そういう世界を見ようとするようになったということかな。

川辺　ということは、以前の安本さんは子どもの世界が見えなかったと。

安本　これまで「考える」ということにフォーカスしてかかわってきたんですけど、今はそうではなくて、子どもが主体的に自分の世界に入っていけるような、「子どもの世界」を大事にするようになりました。

川辺　子どもの世界が見えるっていう感覚、すごくかっこいいです。僕はそんなふうに言葉で表せたことはないですが、たしかにそういう世界があるような気がしてきました。

安本　子どもの考えていることが、言葉によって紡がれると、それが絵になって見えるんです。前も対話は大事にはしていたけど、頭の中に子どもの世界が描かれるということはなかった気がします。以前は、恐らくこうなんだろうなっていう、自分が描いた絵が見えていた。けれども、今は、子どもが描いた絵にアクセスできているんです。

川辺　すごい……。

安本　実際に見られているかどうかは別として、自分が描いた「こうだろうな」っていう絵を見ていたのが、子どもが実際に描いた絵も見に行こうと思えるようになった感じです。それで、実際に見えている気がする、というような感じですかね。

川辺　僕の理解が合っているのかどうかわからないので、ちょっとたとえ話をしてみますね。

安本　お願いします！

川辺　たとえば、子どもが、「丸と三角が見えた」と言ったときに、前の安本さんだったら、そのまま「ああ、丸と三角が並んでいるのね」って思ったけど、今だったら、「どんなふうに見えているの？」って聞ける。そして「丸の中にちっちゃい三角が入っているんだよ」って答えが返ってくる。

安本　うんうん。

川辺　昔の安本さんだったら、「同じ大きさの丸と三角が並んでいる」で理解したつもりになっているけど、今の安本さんなら、丸の中に小さな三角が入っている絵が想像できる。たとえば、そういうことでしょうか？

安本　そう、そうそう！

川辺　ということは、少し言葉を変えると、子どもの話をよく聞くようになって、自分の想像で子どもの意見をわかったようなふりをするんじゃなくて、子どもの意見をよく聞いて、自分の想像じゃなくて、「本当に子どもが伝えたいことによく耳を傾けるようになった」ということですかね。

安本　そうですね。本当にそう思います。「わかったつもりになっていたことに気がついた」っていうことが、一番大きいかもしれない。

〝言葉尻〟ではない楽しさを見つけた

川辺　安本さんは「こども哲学」にかかわり始めて、もう4年目に入ろうとしているわけですが、「こども哲学」をやってみて一番よかったことってなんですか。

安本　一番よかったことは、私が幸せだということです。生きる目的が見つかったから、とても幸せですね。

うまく言い表せないけど、「自分が考えたいことを、考えたいだけ考えていいんだ」っていうことが、「こども哲学」というフィールドでできるようになったことで、今、本当に自分自身の生きてみたかった世界が実生活の中でものすごい速さで創造されていくのを感じています。

川辺　それは結果として、哲学対話をやること自体が楽しいっていうことですか。

安本　そうです、めちゃくちゃ楽しいです。私が哲学対話で一番楽しいと思うのは、自分じゃない人が考えていることを聴くことで自分の世界が広がるっていうことです。人によって違う、自分には見えていない世界を見せてもらえる。

川辺　それは、たとえば大人同士であっても、大人と子どもであっても、そういう自分と違う人の違う世界が見えることで、自分の世界が広がる楽しさがあったり、安本さん自身が考えたいことを深く考えることも含めて、楽しいという感じですね。

安本　そうです。

川辺　「こども哲学」をやって、一番よかったことが「幸せで楽しい」って言ったの、この本の中で安本さんだけかもしれないな。親子で「こども哲学」をして、一番よかったなって思うことも同じですか。

安本　うーん、そうですね。楽しいを超えてさらに一周回った楽しいかな。親子だからっていうことなしに、子どもが見ている、今までの私には見えていなかった世界を見せてもらえるというのが一番よかったことです。私、対話しながら、子どもの言うことに耳を傾けて幸せだなと思うんです。この一瞬がすごく大事だなというふうに思えるんです。

川辺　それは、「子どもって、無邪気に面白おかしいことを突然言うよね」っていう、言葉尻の楽しさではなくて、その子の見ている万華鏡をのぞけるようになったっていう楽しさでしょうか。

安本　そうそう。それは、我が子じゃなくてもそう思うんです。子どもの数だけその楽しさがあるからです。でも、特に我が子だと余計にそう感じることはあるかな、やっぱり。

「こういうことを考えていたんだ」と知れることは、幸せなことでもあるし、ちょっとだけでも親子のきずなが育まれる瞬間、ひとつひとつのちっちゃな、ささやかな大事な時間です。

川辺　そう考えると、「自分の考えていることを、本当に奥底まで理解しようとしてくれること」が、人と人のきずなにつながるのかもしれないですね。「相手の話をよく聞く」ということは、信頼につながるっていうことでしょうか。

安本　そうだと思います。

——こども哲学を通じて安本さんは、発達障害のとらえ方だけでなく、親子関係にも変化があったというエピソードを披露して下さいました。そしてそれ以上に大きな変化は、安本さん自身にあったといいます。

自分が息子たちの言葉をよく聞き、息子たちの見ている世界を、息子たちと同じように見ようとするようになったこと。そうした安本さん自身の変化が、息子たちとの間の信頼を築き、何でも安心して話せる親子関係につながっていると安本さんは確信しているようでした。

5章

「子どもが見る世界」を覗けるようになった

安本志帆さんの場合

6章

真の思考力はやってみようという「試行力」

——河野哲也教授との哲学対話

河野教授は……

――河野教授は「サイエンスカフェ」と呼ばれる、科学についての市民による対話活動をきっかけに哲学対話に出会い、やがて「こども哲学」の普及に取り組むようになったといいます。その根底には、科学技術の発展が、一般市民の私達にわからないままに進んでいくことへの懸念と、政治や社会、哲学の世界までもが暮らしの中で乖離《かいり》してしまっているのではないかという危機感があったそうです。

河野教授のそんな思いは、ご自身が東日本大震災を経験したことで、決定的なものになりました。科学者や知識人と呼ばれる人々が保身のための発言を繰り返す様子を見たことで「市民が意見を言える社会を作ること」の必要性を強烈に感じたといいます。本当に変わらなければならないのは大人だと河野教授は言います。

河野教授と「こども哲学」の出会い

河野　僕は二十代中盤で、国立特殊教育（現・特別支援教育）総合研究所で共同研究をするようになりました。まだ、博士課程が始まったばかりのころです。

そこで、障害のあるお子さんたちの教育に携わってたときに、さまざまな学びがありました。

川辺　大学で教授になる前には特別支援教育に関する研究もされていたんですね。

河野　はい。その頃の学びのひとつが、子どものころに身につけるべきはコミュニケーションの力だということでした。

それは、健常者の言語を学ぶという意味ではなくて、健常者とやりとりできるということで、やりとりできるようになるためのきっかけを体得しなきゃいけない。だから、健常者の方も変わらなくてはならない。

川辺　健常者や社会の側が変化を求められていたということでしょうか。

河野　障害を持っていても、何らかの形で顔を動かしたり、手を動かしたりして、自分の思いを表出することによって、初めて障害を持っている人も社会の中に組み込まれていくんだろうと思ったんですね。

ですから、私が最初に関心を持ったのは、障害を持ったお子さんたちのコミュニケーションの力だったんですよ。

川辺　この場合のコミュニケーションは、言葉以外も含めてということでしょうか。

河野　そうです。言葉を使えれば言葉を発展させてもいいし、しゃべれなければ書いてもいいし、運動麻痺《まひ》で書けなければ、キーボードでも構わないし。

川辺　目の動きで意思疎通ができるデバイスがありましたね。

河野　そうですね。あるいは、指で文字盤を指しても構わないだろうし、いろんな形がありますす。知的に高度なことができない場合には、何かやりたいことを表情で、お互いに読み取るようにすることも可能です。

いずれにせよ、そうしたコミュニケーション能力を育てるということは、健常者と同じ動きをするよりもずっと大切であって、そのつながりというのが一番大切だということなんですね。

川辺　なるほど。

河野　やっぱり社会の中のシステムを変えなきゃいけないんですよね。たとえば今、大学で教えていると聴覚障害の学生が多くいるのですが、昔は、聴覚障害の子に聞く努力をしなさいと言っていました。

しかし、今は器具がだんだん発達してきたこともあり、我々が書いたものを、録音し、学生さんにあげたり、原稿やパワーポイントの資料があれば、それを先に渡してあげるようにしています。もちろん、試験のときはほかの学生と不公平にならないようにするんですけども、そういった意味で、合理的配慮をするようになってきました。それは、教える側が変わったんですよね。社会のほうを、より包摂的にするという考え方が理想的なんです。

川辺　特別支援教育にかかわる中で実感した、変わるべきは社会のほうであるという問題意識は、のちの「こども哲学」の活動につながるサイエンスカフェの実践に込められた、科学技術が発展していく過程をブラックボックスの状態からオープンにせよという社会の側の要請と通じるのですね？

河野　そうですね。なんであれ市民が何かの形で意見表明しなきゃいけないと思います。哲学カフェもサイエンスカフェも権威に対する一般市民への支援になってるかもしれません。科学技術と同じように、哲学というものが、やっぱり一部の哲学者だけの狭い世界になってはいけないと思うんです。

川辺　哲学の世界も、市民にとっては縁遠いものになってきてしまっていると感じていらっしゃるということですね。

河野　そうです。本来は哲学の問題って、全ての人がかかわるような大きな問題だと思うんです。社会の問題、自然の問題、人間の問題、生き方の問題と扱う範囲がとても広い。

いろんなテーマがあるんですけど、個々人がそれぞれ考えて自分で勝手に答えを出せばいいというものじゃなくて、本来は対話が必要で、さらに自分でも何かを追求していくという構造であるべきなんです。

ところが、多くの場合、「哲学」とはどこかの偉い先生の言ってることを学んだり、難しい本を読むと、正解が書いてあるという感じになっています。

川辺　実際、「こども哲学」に出会うまでは僕もそういうイメージを哲学に対して抱いていました。

河野　「こども哲学」が大切だと思うのは、最初から、子どもの多くがそれをやることによって、「自分で考える力が育つ」という点にあります。

　また、もうひとつは教育の現場にかかわった経験からいうと、学校の中であまりにコミュニケーションがなさすぎるんです。たとえ「ディスカッションしましょう」と先生が言って、グループワークが始まったとしても、先生が求めてる答えがあらかじめ用意されていて、それに近い答えだけ取り上げていくという形式になります。これだと、多くの子どもは、大人のそういう見え透いた意図を見抜くので関心がなくなるし、ばかばかしくて自分の意見を話さなくなるんです。

川辺　コミュニケーションを通じて、結局答え探しをしているということでしょうか。

河野　そうですね。答えがわかりきっているコミュニケーションに対する意欲の喪失というのは、その辺で出てくるだろうと思います。

　つまり、学習の中に自分というか、「我」がなくなってしまうんです。

「市民性教育」への契機となった東日本大震災

河野　ただ、私が直接的に哲学対話の必要性を本格的に感じるようになったきっかけは、東日本大震災でした。

川辺　東日本大震災で。どういう理由でまたそういう流れに。

河野　ある意味、科学のネガティブな問題が前面に出てきたわけですよ。僕は一人の市民として、あの地震が起こったときでも、福島第一原発の電源が喪失するってことの意味がよくわからなかった。「これはえらいこった」と思っただけで。

川辺　たしかにあの日まで、電源喪失、っていう言葉の意味がわからなかったですね。僕も電気がつかなくなっちゃったのかな？　くらいののんきな感じでした。

河野　3号機からはプルトニウムが飛散する可能性がある。だから、もう「どうやって逃げるか」って、妻と本当に真面目に話したんです。それなのに、そのリスクの高い時期が終わった後で出てきた学者たちの自己弁護がひどかった。行政や東京電力があんなふうに対応するのは何となく見えてたんですけど、そこに、背後についてる学者たちのあの詭弁を聞いて、学問の権威は本当に落ちてしまったなと痛感しました。「もう終わったな」と（笑）。

川辺　それは河野さん自身が学問の世界に身を置く立場として、痛感されたわけですね（笑）。

河野　そういうことですね。一種の利益共同体と化した特定の集団が、国民をこんなに恐ろしい目に遭わせたのに、まだ自分たちの弁護をしようとしている。これはもう、何かが終わったなと思ったんですよ。

それで、いよいよ、サイエンスカフェのプログラムを子どもたちにもやってもらわなければいけないと思ったんです。

川辺　サイエンスカフェっていうのは、テーマこそ科学に関するものですが、基本的には哲学対話、子どもが対象であれば「こども哲学」の取り組みと通底しているものですね。

河野　それまでも「こども哲学」は、子どもの思考力を伸ばすというメリットがあると思ってたし、教育に携わっていたので重要だと思っていましたが、東日本大震災の一件で、僕は市民社会の形成という意味での重要性が心に浮かぶようになりました。

川辺　やっぱり震災のことがすごく大きかったっていうことですか。

河野　そうです。社会を構成する個々人の思考力や対話する力、考える力を伸ばさないと、市民社会は成立しないんです。そのときに、シチズンシップというか、真に主権者としてことをなすためには、市民社会が存在しないといけないと思ったんですね。

日本で本格的に哲学的な対話を始めたのは、鷲田清一《わしだきよかず》先生です。彼が「こども哲学」や哲学カフェを広めていかなければと活動し始めたのは、阪神淡路大震災がきっかけだったと記憶しています。

彼は京都の人ですが、僕が聞いた話では、彼は倒壊した地域に入っていって、「被災した人たちに寄り添うことこそが哲学者の任務だ」と思ったそうです。それで、彼は臨床哲学を立ち上げたわけです。

そういう考えのもとで、哲学カフェやこども哲学の活動をやってきたわけですけど、実際に、東日本大震災の後、哲学カフェが東北地方でにょきにょきとできたんです。

川辺　災害の体験と哲学対話や「こども哲学」の関係は切っても切れないものがあるの

かもしれないですね。

河野　そうです。僕は東日本大震災で目が覚めました。地震が起きなきゃ目覚めないのかと言われると情けないとは思うんですけども、でも、そう思うんです。

川辺　しかも河野さんは、東日本大震災までもサイエンスカフェをやっていたわけだから、その自分が科学知識を理解できていないっていう実体験は強烈でしょうね。

河野　科学倫理をやってる人間でも、東日本大震災が起きても反応が鈍い人や、なお原発を擁護しようとする人たちもいる。僕はこんなことでいいのだろうかと思いました。科学が敗北したのかということの真相や真実を明らかにしなければいけないはずなんですが、なお悠長な、学者風の態度を変えない人間たちがいましたから。

その後しばらくして、フランスに行ったときに、フランスの学者たちが、東日本大震災について語るんですが、この語り口もまた悠長なんです。それで、僕はそれを見て、「もうこの人たちの言うことを聞くことはできない」というふうに思いました。

川辺　それに関して言うと、やっぱり物理的に距離があると、関心の限界っていうか、そういうものがある気がするんです。

僕は逆に、阪神淡路大震災に対して、体感できなかったことが、自分の想像の限界を作ってるっていう感覚があって。阪神淡路大震災を体感した友人、被災した友人、大切な人の命を奪われた友人の話をきいて、やっと考えをめぐらせることができる。

河野　やっぱり体感しないとわからないっていうのは決定的にあると思います。私もそういうことをきっかけに、生きた本当の思索をしなきゃいけないし、自分で考えて何かを決めていくっていう態度を取り戻さなきゃいけないと思ったんですね。

川辺　そういう意味でいうと、市民が参加できる社会にしていくんだということは、もちろん東日本大震災の前から思ってらっしゃったことだと思いますが、より強まったわけですね。

河野　それはもう、本当にそう感じました。それが原体験ですね。

川辺　市民社会をつくるためには本物の思考力っていうものが身についてなければだめで、じゃあ思考力ってなんだろうと。河野さんの考える思考力っていうのは、言いかえれば自分の意見を表明する態度のようなものでしょうか。

河野　そうですね。意見を表明することはたしかに大切ですね。でも、考えるってことは、ただ意見を表明するだけじゃなくて、それを「もむ」ことだと思うんですね。つまり、正しいかどうか検討するってことです。

そのためには、やっぱり何かと照らし合わせなければいけない。それは、他者の言葉かもしれないし、もしかしたら本かもしれないし、いろんな媒体と照らし合わせる作業が必要です。自分の思ったことをもんでいって、本当にそれでいいんだろうかと検討します。

あるいは、私たちが、これはこれでいいんだといった形で常識的に受け取ってるみたいなものを、もう一回掘り起こさなきゃいけないんじゃないかと思うわけです。そういう活動が「考える」ということだと思うんです。

川辺　でも、子どもたちの思考力や対話力が大事なんだと思っても、いきなり学校現場に入っていって「哲学対話をしましょう!」っていうわけにもいかなそうな……。どうやって「こども哲学」の普及活動をスタートされたんですか。

河野　まずは大人同士の哲学カフェを始めました。子どもを対象にしたものだと、一番簡単なのは、やはり放課後とかに学校じゃない場に集まってやるということで、それによって、面白さをわかってもらうというのがありますね。なので図書館でもやりました。たとえば学校の図書室でやらせてもらったり。公立の図書館で子どもを集めてやってみたり。そういう活動からスタートしました。

川辺　まずは学校でないところで哲学カフェや、「こども哲学」をスタートしたんですね。

河野　徐々にそれが浸透していって、もちろんご存知の通り、関東近郊の学校ではどんどん哲学対話が広がっていますし、気仙沼とか陸前高田みたいなところから、こういう体験型の教育をしたいとか、この数年間は、地方でも来てくれっていう要望が寄せられるようになりました。

川辺　河野さんが東日本大震災で哲学対話の必要性に目覚めたと同時に、日本各地に、しかも東北地方でこそ哲学対話の広がりがあったのかな。

そこから河野先生にお声がけがあるというのはなんというか、原点回帰みたいな喜びがありますね。

河野　東北だけじゃなくて、地域創生と絡めて広島での実践をしたいとか、僕らがやっているうちに同じ研究仲間たちも、広島や宮崎など、いろんな地域で実践していって。今では全国的に広まっているんです。

川辺　なるほど。ちなみに、それは「こども哲学」の広がりですよね。その当時、想定していた対象年齢はどのあたりだったのでしょうか。

河野　幼稚園とか保育園ぐらいの子から小学校高学年までですね。

日本の教育が幼稚に見えた留学経験

川辺　河野さんはどうしてそこまで教育に関心があるんでしょうか？　哲学者として哲学の研究をするだけでもお忙しいはずなのに、子どもたちへの哲学対話の普及活動にそうとう力を入れていらっしゃいますよね。

河野　原点かなと思うのは、私が高校生だったとき、アメリカに短期間、サマースクールみたいな留学を体験したことです。

そのときに、私も教育を受ける側の生徒として、アメリカと日本の教育の圧倒的な違いにショックを受けたわけです。当時私も高校生でしたから、どう違うのかという表現も持ち合わせていませんでしたが、今思うとアメリカで受けた授業は、すでに探究型だったんですね。

川辺　探究型の授業っていうのはどういう意味ですか。

河野　ディスカッションも多いし、歴史教育でも、日本のようにただ歴史の事実を調べたり、覚えたりするのではなくて、「昔、こういうことがありましたが、あなたがこの場にいたらどうしていたでしょうか？」と、そんなディスカッションがあって。本当にびっくりしました。そして、本当におもしろかったんですよね。数学だけは、日本の数学と変わりませんでしたが（笑）、ほかの科目は、話し合うものがとても多かった。

川辺　うらやましいなぁ。楽しいって思えたら、それはやっぱり忘れられないですね。

河野　で、日本に帰国しますよね。そうすると今度は覚えることが多いし、当時の私の言葉で言えば、幼稚な感じがしました。私の周りにいた先生たちは、いい人たちばかりでしたが、アメリカから帰ってくると、教育やシステムに対する不信感が生まれました。

川辺　幼稚（笑）。まぁでも、自分でそう思ったんだから仕方ないですね。

河野　そんなわけで教育の問題については常に関心を持ってきたので、冒頭でお話しした特殊教育の研究所に共同研究しないかと言われたときに、とにかくやらせてくださいということになりました。

障害のあるお子さんたちの目から見ると、いよいよ日本の教育システムの偏りや、いかに排他的なものなのかという現実が如実にわかってきます。その目線というのは、そこで、何年か研究を進めて獲得しなきゃいけないわけです。

川辺 そういう意味では、学校や教育システムに対する不信感っていうものがある意味、特別支援教育の問題点とリンクすると感じたんですね。

河野 直感しました。共通点は、上に権威があって、決められた知識が押し流されてくるような形で、それが重要だと思わされてるということですね。科学者と一般市民との関係と特別支援に携わっている先生たちとその子どもたちとの関係は、パラレルだと思ったんです。

川辺 パラレルっていうのはつまり、構造が似ていると。

河野 学校の先生も科学者も一人ひとりは抑圧的ではないと思います。ところが、トータルで見ると非常におかしなことになってる。そういったものをフラットな関係にさせるような、子どものほうからも物申すという力があって、子どもたちが自発的に活動して、いろいろできるんだということが直感できたんです。

ただ、うまくいくとは思ったんですが、その場をどこで確保するかっていうのは大問題でした。

学校で実践する難しさ

川辺　先ほどおっしゃっていた通り、学校ではなく図書館や街の中で「こども哲学」の普及活動をスタートしたわけですもんね。

河野　私は今は立教大学で教えていますが、その前は玉川大学にいたんです。それでまずは「こども哲学」を両方の附属学校、関係校でやってみようということになったわけです。

結果、小学生がびっくりするほど話すので、成果は考えていたもの以上でした。ただ、「玉川とか立教っていうのは、できのいい子たちが集まってるからできた」と言われるだろうなと、その瞬間思いました。

川辺　この学校は優秀だから、あの先生は優秀だから、というありきたりな批判ですね。そうなると、もっといろいろな学校で実践していかなければならないとなる。そのあたりは、壁というか、ハードルになるものがありましたか。

河野　学校ではある意味、先生が「知識を上から流し落とす」ような存在でありながら、「こども哲学」では先生と子どもの関係性がフラットである、ということです。

川辺　「こども哲学」では教師の立場が、いつもと変わる必要が発生すると。

河野　先生との「こども哲学」は、あくまで対話の中で探究するわけですよ。テーマは何でもいいんですけど、その中で先生は完璧な答えを当然持ってないわけですよね。

川辺　先生なのに、答えを知らない時間を過ごす。

河野　もちろん先生のほうがボキャブラリーはたくさん持ってるかもしれないけど、完璧な答えは持ってないので、子どもと同じ立場で話さなきゃいけないんですよ。先生が生徒から「先生の意見は違うんじゃないか」って言われても、自然なことです。

川辺　なるほど。

河野　私自身は学者なので、そういう場面は、しょっちゅう経験するし、授業中もそういうふうにやるので、仮に自分が大学教員であっても、別に自分の言ってることというのは完全に正しいわけではないということは、もうしみじみわかっています。そういう意味では、対話を重ねると謙虚になるんですけども、学校の先生たちは教えなくちゃいけない知識がたくさんあるなかで、それをなかなかできず、「正しい知識を伝達する」

という立場から離れるのが非常に難しいんです。

川辺　なるほど。それから活動はどのように展開していったのですか。

河野　そんなこともあって、学校については、学校のほうがこちらを「受け入れる」って言わないと難しい。こっちから申し込んでいっても、イベント的になってしまう。私が単発でやってそれで終わりです。その先生方が、本当に「こども哲学」に関心を持ってくれて、先生自身が教室でやり始めたら、それはいいと思うんですけども。

川辺　そうすると、学校で働く先生だけでなく、保護者にも、「こども哲学」に関心を持ってもらうような活動をしなくちゃいけないですよね。普及のために。

河野　「こども哲学」に限って言えば、ＮＨＫの番組の影響力が大きいし、本もたくさん出ました。私も書籍を書いたり、翻訳したりと精力的に動いているし、我々のグループだけじゃなくて、いろんなところでグループができて独自に始めるようになったと思いますね。

ただ、やっぱりその前に、大人の「哲学カフェ」がいろんなところで行われていることが、「こども哲学」の普及の後押しになっていることが大きい。２０１１年以降、本当に日本中で、もう何百もの大人の哲学カフェができました。見よう見まね、と言ったら失礼かもしれないけれども、自分たちで独自に始められて、いろんなことについて語りたいという人が自然発生的に増えているんだと思います。哲学カフェを経験した大人は、「これは子どもでもできる」と思うはずなんですよ。

川辺　そうすると、哲学カフェを経験した人なら、「こども哲学」ができそうだ、と思えると。実際、そうやって学校で子どもたちと哲学対話をしてみようという人も多いでしょうし、保護者の中には大人同士の哲学カフェを体験して、「子どもと一緒に哲学してみたい」という思いを持った人もいました。

ただ、僕は疑問があって、学校の中でする「こども哲学」と、いわゆる、市民が自発的にやる「こども哲学」ってちょっと目的が違うんじゃないかなって。

河野　そうですね。逆に川辺さんは、どう違うと思いますか。

川辺　学校の授業でやる哲学対話は、ある種の思考力教育だから、絶対参加。やりたいからやる部活動とか、生徒から自主的に提案された学級活動とかでない限り、やらなくちゃいけないもの。なんだけど、結果として、先生は間違っちゃいけないんだなんていう重い荷物を先生も肩から下ろせるし、生徒も何でも言っていいんだっていう自由を感じられる。

河野　なるほど。

川辺　一方で、学校の外でやる場合は、面白くてハマっちゃう子もいて、やりたいからやる哲学対話っていう感じがするんです。これまで自分の本当の意見を表明する場がなかった子は、単純に楽しんでるんですよね。こういう場を欲していたし、こういう真剣に話せる友達が欲しかったということだと思います。

教師と生徒の関係がどうだとかケアだとか、いろいろ大人は言うけど、哲学することって楽しいと思ってるからやっている。

河野　おっしゃるとおりですね（笑）。考えることが好きな子どもって、必ず一定数いて、同じような子が集まってくると延々と話しますよね。

あと、好きなテーマかどうかも関係します。ある子どもたちは、ロボットと人間の違いをテーマにどうしてもやりたい。しかし、ほかの子たちは、それには関心がない。もうひとりの子は親友と友達の違いについて語りたい、とか。テーマによって、語りたい内容が変わってくると思います。

川辺　そうか、学校の中と外の違いだけじゃなくて、テーマによる子どもの輝きみたいなところもあるなぁ。

河野　それから、たしかに学校でやると、考える力とか対話する力を養うことや、シチズンシップを育てるというような目的になっちゃうんですけど、学外でやると、「好きだからやる」「おもしろいから探究する」という雰囲気になりますね。

大人が変わるきっかけになる

川辺　そうですね。あと、学校のほうの哲学対話は、やっぱりどこか、これによってどんな効果があったかを「何となく言わないといけない空気」みたいなのがあるんですけど、学校の外でやる哲学対話のほうは、インタビューを重ねていくうちに、子どもたちと哲学対話をしようと、親の方がかかわっていって、結果として子どもより大人が変わる感じがしました。

河野　どういう意味ですか。

川辺　最初は親も、子どもたちに何か身につけさせようとか、子どもの話を聞きたいとか、自分の楽しみとして子どもに話をさせたいという気持ちがある。でも、子どもの話すことの面白さに気づくと、子どもは子どものままで素晴らしいんじゃないかなって考え始める。

河野　なるほど。

川辺　そうなってくると、丸く座らせたりすることを彼らが楽しいと思ってないことに途中で気づいたり、もっとナチュラルにこういう意見が交わされる場をデザインするべきだなと反省させられたりする。だったら、遊びながら何かやってみようというふうに、大人のほうが変わっていく。

もちろん、そこで子どもがどう変わっていくのかということも大事なんですけど、誰かに報告する義務もないから、どっちかというと、大人と子どもの関係が変わったから、子どもが生き生きと意見を言うようになる。

河野　そうですね。一方、哲学対話を学校でやったときに、よくある反応というのは、普段とは違った子が話すってことなんですよね。よく子ども同士の反応としてあるのが、この子がこんなことを考えてるとは思わなかったっていうことなんですよ。普段とは別の子が活躍するっていう。

逆に、いつも前に出てきて正解を言ってる優等生が、黙って聞く側に回ってたり。そもそも授業にあまり関心を持ってこなかった子が、火がついたようにばっとしゃべることがあるんですよね。そういう場面を見ると、子どもって面白いなと思います。

川辺　その話を聞くと、やっぱりそれは学校の哲学対話っぽいなっていう感じがします。なぜかというと、街なかの「こども哲学」を親子でやってる人たちは、保護者が我が子から「哲学対話つまんない」って言われるとか、行きたくないとか、絶対に意見を言わなくていいんだったら今日も哲学しに行こうかなとか、そういう子どもの意見を認めるところからスタートするんです。

河野　なるほど。

川辺　たしかに、学校では結果として、いつも手を挙げて発言しないような子が意見を言えるということはよく起こることだけど、じゃあ哲学対話に参加する意思や、学校に通う意思の確認はしているかというとしていないですよね。

一方で街中で開かれる「こども哲学」では、誰が意見を言ったとか以前に、そもそも子どもに、意思を確認することはすごく大切なことなんだっていうことに気づく。親子で哲学する場合って、今日は行きたくない！　って言って欠席してもいいわけです。つまり、輪っかになりたくないことも含めて、「寝っ転がりたい」「今日は何も言いたくない」もオーケーなんだ、って親が認めるっていうのかな。

河野　それ、親は子どもの何を知ることになるのでしょうか。

川辺　子どもの人権みたいなものっていう感じが、僕はするんです。子どもって、大人と同じように、意思があって、その意思を尊重する、あるいは確認するべき相手だったんだってことを知るっていう感じですかね。それが、今まさに河野さんと対話しながら明らかになった感じがします。学校だと、参加したいかどうかを確認しない、自由参加じゃない。授業だから。

河野　自由参加じゃないですね。

川辺　そう。だけど、自由参加なのに、子どもたちが通いたいって言って来てる場が日本中にあるわけで、それがすごいなって。通わせたいと思って始めたら、子どもが楽しいからまた行きたいって言うんですね。

それは、今回この書籍のためにインタビューを重ねて、「こども哲学」をやり始めた、1年やってる、2年やってる、あるいは1年以上通ってる、という保護者の話を聞いて、そう思いました。

河野　なるほど。それ面白いですね。逆に最初は、「子どもに何かさせなきゃ」と思ってるんでしょうね。

川辺　そうです。最初はそういう教育効果への期待というか、親としての願いみたいなものがある。それって、そんな期待を持ってない親はいないですよね。どんな習い事でも、活動でも。教育効果に期待することは当然だし、悪くないと思います。

大人からの受け売りになることもある

河野　子どもたちが何をやりたいか意見を聞くっていう活動は、子どもたちを「一つの人格として認める」っていうことそのものですよね。

たぶん、教育現場でよく言われる疑問というのは、「そうなったときに子どもは何をするだろうか」っていうことですよね。好き放題、適当なことをやるんじゃないかと思ってるんですよね。

川辺　そうなんですかね。

河野　私が呼ばれて小学校などにお邪魔して哲学するときは、学校っていう枠がありますから、そこでいくら自由にさせても、限界がある。校庭の外に出ることを含め、本当に子どもがやりたいことを自由にさせるっていうことに関して、今の学校はそうはできない。そこには重大な問題があるんですが。ただ、大人は、「子どもの意思を尊重するっていうことは、どういうことなのかな」って思ったりするんですよね。

川辺　どういう意味ですか。

河野　つまり、大人というのは、どのように子どもの自由な意見に介入すればいいかを考えているんですよ。単純に子どもがやりたいことをやらせてみるっていうことだけだと、おそらく子どもの経験の範囲で見知っている何かを選ぶ。それに対して、大人が「これがいいよ」って持っていっちゃうと、また大人のものになっちゃうんですね。

それと、子どもたちがやりたいことは、必ずしも、「何も汚染されてないピュアな活動か」とは限らないとも思います。

川辺　その汚染っていうのは、たとえばどういうことですか。

河野　つまり、大人のやってることと変わらないっていうことなんですよ。大人の活動を、ほぼ、ちっちゃくしてやってるだけの場合もあるんです。

川辺　たとえばどういうことですか。

河野　たとえば「カードゲームをやって勝ちたい」とか、それもどっちかっていうと与えられたものや市販のもの、既成のものだったり。大人のカード遊びの縮小版ですね。そうすると、子どもの自由な発想を尊重しすぎるのもまた、大人と変わらないように、やることも大人と変わんなくなったりするんですね。

あるいは、やりたいと言いつつ、結局親の期待に応えるような行動をとってしまったりもするんです。そうなってしまうと、自発性というのが完全に発揮されてるかどうかがわからないんですよね。

川辺　たしかにやりたいことを問いかけると、市販のゲームが出てくるっていうことは僕の体験からもイメージがつきますね。でも何をしたいか、っていうより、何を話したいか、っていう問いだとどうでしょう。それでもやっぱり、自由すぎる子どもの意見は結局大人のトレースでしかないと思いますか。

河野　そもそも「こども哲学」をしたとき、最初に出てくる子どもの言葉っていうのはしばしば大人の言葉の受け売りだと思うんですよね。それってやはり大人に認知されるために意見を言ってるっていうことだと思うんです。

川辺　なるほど。そうですね。学校の外でやっている哲学対話は、学校の中でやっている哲学対話に比べて、子どもの意思を尊重して、より自由度高く哲学をしていると思いきや、いやいや、子どもの意見や意思なんて結局は大人の影響下でのパフォーマンスよっていうことですかね。

河野　そういうこともあるでしょうね。

「どうして人の歯は大きくならないの？」

川辺　そういえば以前、僕がある哲学対話に行ったときに、「どうして人の歯は大きくならないのか」っていう問いが出たんですよ。めちゃくちゃ面白いなって思って、ずっと忘れられないんです。乳歯が抜けると、大人の歯が生えてきますよね。しかもそれでおしまい。3回目はないし、4回目もない。そんな部位、体の中に、なかなかないじゃないですか。何で歯が大きくならないんだろうっていう。大人になるとき、歯も大きくなればいいのに。あごと一緒に歯もそのまま拡張していけば、大人の顔に対応しそうなものなのに、何で歯が落ちなきゃいけないのって、非常に厄介じゃないですか、二十何本もぽろぽろ出るわけで（笑）。

河野　たしかにね（笑）。

川辺　そういう問いが子どもたちから出てきたときに、やっぱり僕は「うわーっ！　最高の問いが来た」て思うんです。そういう、「うわ、それすごい、考えたことない」っていう面白さがあって。

それで、河野さんみたいな哲学者が「こども哲学」をやっていて面白いと思うことってなんだろうっていうことにも興味があります。

河野　2つありますよね。今まで数多くの哲学者たちが吟味してきた問いを、全然別の角度から検討させてくれるっていうのは、ひとつ面白いですね。全然違った観点を持ってる人が言ってくれるのは面白い。あと、ほんとに気がついてない問題、今の歯の問題みたいに。歯の問題も、それも全く気がついてないから面白いですよね。

川辺　今までで印象に残っている問いってありますか。

河野　たとえば「新年って、どこからくるの？」っていうの。ちょっとびっくりしましたね。新年がくるっていうから、どこからくるんですかと。まあ、答えとしては、始まるのであって、どこからくるんじゃなく、っていうようなことを言ったりしたんですけども、それ面白い問いだと（笑）。

川辺　なんか言葉遊びっぽいけど、問いとして真剣に考えると面白いですね。たしかに新年はくるって表現しますよね。

河野　始まるのに、くるという表現を使う。なぜくるっていう表現をするのかという、そこにいきますね、次は。

川辺　そうなりますよね。僕も今すでに興味があります、それ（笑）。

川辺　そういう、考えたことがないことについて考える。しかも、どこか大きく自分の常識を揺さぶられるというか、そんなのがやっぱりいいですね。

川辺　子どもと哲学しているおもしろさって、子どもだからこそポロっと言ってくれるところにあると思います。

河野　もちろんそうですね。やっぱり発想が面白い。月並みですけど、発想の幅が広いですよね。あと、大人と変わんないなぁっていうの、何度聞いても面白いですけどね。ちっちゃい子が、おじいさんが言いそうなことを言うので、ああ、変わんないんだなって考えたりはしますね（笑）。

川辺　その面白がり方の背景には、子どもは、大人のようには考えられないっていうような、私たちの中の思い込みがあるからかもしれないですね。

河野　思い込みがあります。たとえばいかにも哲学っぽい問いとして、宇宙ができたのはどんな理由があるのかみたいなことを子どもが言ったときに、これは教室で聞いたんだけども、これについて考えたことがある人って言ったら、7割ぐらいいたんですね。小学校3年か4年でした。

川辺　宇宙は人気ですよね。ほんとに。

河野　でも、大学生に「小学生の頃、宇宙ってどうしてできたんだろう」って考えたことありますかと聞いてみると、3割とか、4割しか手を挙げないんですよ。ということは、たぶん4割の人は自分の子ども時代を忘れちゃってるんですよね。

川辺　うん、僕も、忘れちゃってるんだろうなって思いました。だって、僕も思い出せないですもん。

河野　もったいないですよ。

川辺　ほんとですよね。忘れちゃうの、いやだなぁ。こども哲学の真髄は、やはり哲学そのものの「おもしろい問いを考える」ということだと僕は思うんです。基本はそんな難しいこと言わずに、楽しいからやろうぜ、って思っているんです。

河野　同感です。

川辺　だけどたまたま、それが今の教育制度や学校という場所にとってはチャレンジングに見えちゃうところもあるなあって程度で。

河野　おそらく知識を下の世代に伝授していくっていうのはなくならない気がするんですよね。むしろ、なくす必要があるものでもない。極端に言っちゃうと、どれが毒キノコだか伝えなければ、みんな大変なことなってしまうのと同じで、有益な知識というのは、当たり前ですけど、若い世代に伝達していくことは大切だと思います。

　ポイントは、子どもはそれを利用する主体であるべきだということだと思いますね。先人に学ぶ知恵を、自分の生活のためにどういかすのかが大事なのであって、知識をまるごとを覚えたから偉いっていうもんじゃないんだという。

川辺　得た知識を活用する主体性を持つっていうことですね。

河野　しかも、もしできれば、それをさらに探究するっていうね。

川辺　河野先生が「こども哲学」の活動を通して変化された点はありますか

河野　「子どもを中心にすべきだ」ってふうには以前よりも強く思うようになりましたね。哲学対話で子どもに任せても、決してはちゃめちゃにはならない。むしろ、割と倫理的で、常識的なところに落ちるんですよね。その意味では、つまらないといえばつまらない。特に道徳的な問題になったときに、割と、常識的なとこに落ちる。

大人と同じだなって思ってしまったりするんですけど、そういう意味でいうと、「こども哲学」の中に大人がある種のトリックスターみたいな感じで入って、大人はもっと子どもになって、暴れ回らなきゃいけないかなとも最近は思ってます。

大人が変わる、子どもが変わる

河野　今回は親子で哲学対話をするっていう書籍ですけど、そういえば私自身は親として、自分の子どもと哲学対話をしたことはないんです。

川辺　やろうとは思わなかったんですか?

河野　全然思わなかったです。

川辺　僕みたいに「こども哲学」を親子でやり始めた人とか、地域の子どもとやり始めた人を見てると、論理的な思考力とか推論のおもしろさを伝えていくっていう観点よりは、もう少し、本当に自分も面白がって、子どもとフラットに話をしてる感じはあると思います。僕自身がそうだから、バイアスはあると思いますが。

河野　いいですね、民主的で。たしかに、そういうふうにやって親のほうが変わってったっていうこと、よく話してくれる人がいますよね。

本当は親が変わっていってるんだと思うんですよ。これまでの話の流れでいうと、親が変わらなければいけないんですよね。権力関係でいえば「上の者が変わる」ということじゃないでしょうか。

親子関係の中に潜む権力関係

川辺　「こども哲学」での大人の役割について、さっき河野さんがトリックスターという言葉を使っていらっしゃったと思いますが、トリックスターって具体的にはどういう役割でしょうか？

河野　よく、学校の先生たちは道徳的な問題について、子ども同士で話し合って、「人を殺してもいいんだ」みたいに極端になったらどうすんだっていうんですけど、そういう場面など、何百回とやっても見たことがないんですよ。むしろ、早々にそれはだめなんだというか、それではいけないみたいなことになってしまいます。

だから大人が揺さぶる役割を担って、たとえば「死刑とかどうなっちゃうの」とかも、もし誰かが襲われてるときには助けるの、どうするのなんて、揺さぶるような極論を出していくんです。

川辺 そういえば、子どもたちと倫理的な話をすると、すごく正義感にあふれるっていうか、悪に対する強い嫌悪がありますよね。保護者の伝える社会規範を守ることが絶対っていうか。

河野 それが、まさに僕がさっき言った大人の影響ですよ。大人の影響なのか、最初から大人なのかわからないけど、極端にいかない。常識のどこに落とすかということは、子どもも大人もやるんです。それをいかに外すかの「揺さぶり」は必要ですね。

川辺 幼い子どもたちとかかわってると、ママがうそをつくことあるって問いを出したら、子どもたち、特に未就学児は全員、うちのママはうそなんかつかないよって言うんですね。

たとえばもう8時だから起きなさいと、7時50分にママが言ったとしても、子どもたちは、いや、ママはうそをついてないって言うんですね。そういうのを聞いてると、やっぱり自分にとって絶対的な存在である保護者が、うそなんかつくはずがないし、その保護者がだめと言ったことは絶対にしてはいけないという、子どもという立場の弱さみたいなものが、ある種、大人がだめということは守らなければならないという、生きていくすべと直結してる感じがするんですね。

河野　「権力関係」ですよ（笑）。もう、そうですよ。

川辺　これが権力関係か（笑）。だから、子どもの倫理観が強いっていうのは、結果的に、子どもが非常に倫理的に振る舞わなければ、ないがしろにされるような立ち位置にいるのかなと。

河野　私もそう思います。やっぱり放り出されるとか、育ててもらえなくなるってことに対する恐怖があるんですよね。親がいなくても、たぶん君たちを助けてくれる人はいくらでもいると思うよって言いながら哲学対話中に揺さぶっても、やっぱり子どもたちは悪を受け入れないですね。そんなこと言ったら、逆に怖くなっちゃいますからね。

川辺　そういうふうに考えると、子どもが理性的であることの背景に、やっぱり親と子とか、社会と子どもというものが、その立場に強弱がついている感じもするし。

河野　恐怖感だと思いますね。

川辺　やっぱり親子で哲学対話をすることの意味って、僕はそこにあるんじゃないかなって思っています。親子関係の中に潜む権力関係に気づくっていうのが、親の側にも起きてくるし、子どもにとっては、こんなに自由にいろいろ言っても聞いてもらえるんだっていう。本当は思ってたけど、それは言っちゃいけないと思って……みたいなことも言える。

河野　そうですね。子どもが自分でそういうことを確認する機会っていうのはないのかもしれません。

権力関係を解除することで思考力があふれ出す

川辺　考えてはいたけれども、「それは言ってはいけないことだと思っていた」っていうフタを外すっていうのが安心感。哲学対話の言葉でいうとセーフティで。そうすると、フタをされていた思考力や表現力があふれ出すから、もともと持っていた推論だったり、対話力っていうものが、親に認知される。

結果として権力関係が解除された安心できる場をつくることによって、子どもの思考力や対話力が表出しているんじゃないかなって思うんですよ。

河野　思考力っていうのは、いくつか意味があると思うんです。ちまたでいう論理的に考えるという表現の場合、物事を理屈で整然と説明することを指す。

でも、本当の思考力っていうものがある。それは、論理のスピードが追いつかないくらい発想が自由にどんどん湧いてくるっていう思考力だと思います。

ちまたでいう思考力なんてむしろ論理性によって本来の思考力に制限をかけてしまっているんじゃないかってくらいで。本当の思考力っていうのはすごく大事だと思ってるんです。

川辺　思考力って、論理的思考力だけじゃないよ、と。もっと広い、本当の思考力っていうものがあるんだよということですね。

河野　よく言われるように、いろんなことを考えて、後でそれがうまくいくかどうかじっくり仮説検証するっていう思考方法もあっていいと思います。

でも、本当の思考力、真の思考力って、いろいろ試してやってみるっていうことだと思うんですよね。

川辺　試しに行うと書いて「試行」。みたいなものが真の思考なのかな。たしかに僕自身のことを振り返ってみると、意見を言う前に、ものすごい数の仮説が脳内であふれ出している感覚はあります。ただそれが、意見になって口から出ると、ひとつのことしか考えていなかった理路整然とした人だと思われてしまう。

河野　そうです。本当の思考力は、シンキングも含むかもしれないけど、トライイングでもあると思うんですね。その、「トライしていいのだ」っていう感じをつくるのが、安心感、セーフティなんだろうと思うんですよね。権力関係だったり、不安だったり、心の中でなにかが引っ掛かって、本当にトライしてないときがあると。もっとも、それを完全に外すのは難しいかもしれませんが。

川辺　そうですよね。いわゆる思考力育成や、論理性の育成に関心があって「こども哲学」を始めた保護者が、活動していく中で、何か違うなって気づく、そのプロセス自体に意味があるのかなとも思いました。

河野　「こども哲学」を通じて、子どもとの関係を結び直す「態度」を保護者がまず身につけること。それが大事なのかもしれませんね。

――子どもは知らないうちに社会や親という権力関係の中で「思っていても言えないこと」を抱えているのかもしれません。そして、その学校や親子関係の中にひそむ権力関係が、子どもたちの強い倫理観につながっているのかもしれません。

「こども哲学」にはそうした親と子ども、社会と子どもの関係を結び直す「態度」を保護者が身につける側面があるようです。「こども哲学」で、変化していく保護者と子どもの関係は、子どもが安心して意見ができる場を生み、結果として思考力という名の「試行力（なんでもやってみよう）」という気持ちを芽生えさせるのかもしれません。

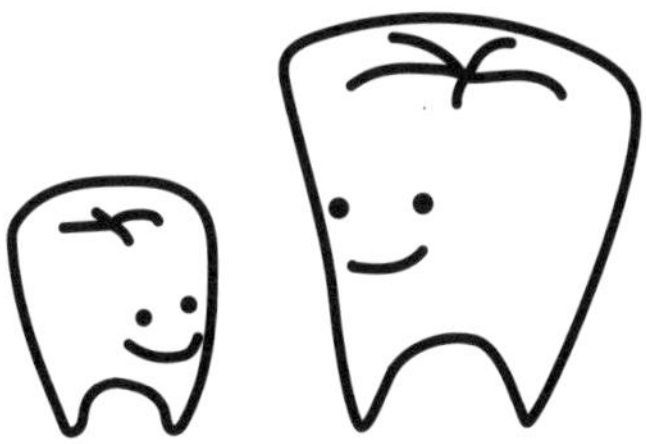

6章
真の思考力はやってみようという「試行力」

河野哲也教授との哲学対話

213

おわりに

ここまでたくさんの対話を読んでくださって、ありがとうございました。子どもとの哲学対話である「こども哲学」をテーマにした本なのに、私が一方的に書いた文章ばっかりになるのはいかがなものかという考えから、対話形式をとることにしました。私ひとりのつまらない話をダラダラ書くよりも、よっぽどみなさんにとって有益な情報になったのではないかと思います。ご協力いただいた池田さん、黒木さん、高口さん、安本さん、そして河野さん、ありがとうございました。

最後に少しだけ、この場を借りて、私が哲学に出会った日のことについて書き残しておわりにしたいと思います。もしかしたら、つまらない話かもしれません。

世の中は変えられる？

初めて哲学に出会ったとき、私は高校2年生でした。通っていた高校では、2年生の選択科目に「倫理」という教科があって、私はたまたま、なんの興味もなくこの教科を選択していました。倫理という授業を選択しただけの私はまだ「哲学」に出会ってはいませんでした。

そんな高校2年生のある日、私は夕食の後、リビングで父親に呼び止められ、「将来はどうするつもり？」と質問を受けたのです。そして「もし大学に進学したいなら家から学費を出してもいいけど、出す以上は何を勉強したいのか親を説得してほしい」と父親から言われたのでした。

つまりそれは、納得できない理由のために、大学への進学費用は出せないぞという父親からのメッセージでした。

そこで、大学に進学してまで勉強したいことってなんだろう、と考えました。当時から子どもと話をすることが好きだった私は、子どもの虐待死に関するニュースを見るたびに日々心を痛めていました。数日考えて、父親に「保育士になりたい」と言いました。保育士の資格があれば、児童養護施設や、保育所、学童、いろいろなところで働けるし、家族と過ごす時間が短い子どもたちとともに過ごせると思ったのです。

すると父親は、「保育士の資格なら大学に行かなくても取れるぞ」と言いました。そしてこうも付け加えたのでした。「そんなふうにお前が、毎年数十人の子どもと接して、世の中が変えられる？」

私はそれまで、世の中を変えたいと言ったことも、考えたこともありませんでした。児童養護施設で働くことだって、保育士になることだって、立派な仕事ではないでしょうか。もっと言えば、世の中を変えるために人は生きなければならないのでしょうか。私にはその答えがわかりませんでした。

父親に返事をできないまま、もう少し考えてみろと言われた私はそれから数日、ひたすら「世の中が変えられるような生き方ってなんだろう」と考えました。そんなときに、ふと目についたのが、高校の「倫理」の教科書で習ったばかりの哲学者たちでした。キルケゴール、ニーチェ、ハイデッガー、ヤスパース、サルトル……倫理の教科書には、人はなんのために生きるのか、人生ってなんだろうと真剣に考えた哲学者たちの名前がずらずらと並んでいたのです。私が「哲学」に本当に出会ったのはこのときで、それは倫理の授業を受け始めてから、半年以上たった秋のことでした。

こうして高校2年生だった私は「なんのために生きるのか」なんてことの答えを見つけることよりも、すっかり哲学の面白さにハマってしまい、倫理の教科書に出てくる人たちの書いた本を図書館で読み漁りました。本を読み、考え続けることで、父親を説得しなければならないという目の前の現実から逃避しました。話の合わなくなった友達とは疎遠になり、学校に行くことも億劫《おっくう》になってしまいました。

考えながら行動しなさい

「世の中が変えられるのか」という父親の問いに答えることなく、哲学書を読み漁り続けて、とうとう私は高校3年生になりました。

3年生になったある日、父親からもう一つの大事なアドバイスをもらいました。それは、「考えながら行動しなさい」ということでした。哲学的なことを考えるのも大事だけど、ただ考えているだけじゃダメ。考えながら行動しなくちゃいけない。将来について考えながら、ちゃんと勉強もするんだよ。これが父の教えでした。


一年近く、勉強も学校もサボりまくっていた私は、この言葉をきっかけに、また少しずつ勉強するようになりました。父親に考えることをけしかけられたおかげで、物事を深く考えるのが大好きになりました。

でも、大学で哲学を学ぶことにはどこか躊躇がありました。哲学は自分でするのが楽しい。哲学は人から学ぶものじゃない。自分で本を読んで学べるし、目の前の現実に対して哲学するほうが意味がある。学校で勉強したら哲学をマスターできるなんて、おかしいんじゃないか。高校生だった私は、哲学についてそんなふうに思っていたのです。

せっかく大学に進学できるなら、哲学科じゃなくて、子どもに関わることすべてを学びたいとも思いました。結局、父親には「やっぱり子どもが好きだから、子どもに関わる資格がたくさん取れる大学に行きたい」と伝え、東京学芸大学に入学しました。

哲学は家庭からはじまる

これが、私が哲学に出会った日々の出来事です。生きていく上で困難にぶつかったとき、私を優しく包んでくれたのは哲学でした。哲学に出会うことができたのは、尊敬している父親という存在が突きつけた「世の中は変えられる?」という言葉があったからです。そんな経験があった私は、哲学は家庭からはじまるものだ、と思っています。

残念ながら、父は四十代の若さでこの世を去りました。私はまだ十代で、大学生になったばかりのころの出来事でした。父がもし生きていたら、こんなときどんな話をするだろうと今でもときどき思うことがあります。

でも、父のおかげで哲学に出会うことができ、今も心の中には父からもらった行動指針が息づいていると感じます。

一方で、父の問いかけに振り回されながらも、ますます子どもが好きだと思えたのは、高校生だった私より十歳も年下だった妹と暮らしていたからです。妹が小学校の低学年だった頃、高校生だった私は哲学的なことについての話をよくしました。きっと本人は覚えていないと思いますが、子どもってなんて哲学的な質問をするんだろうと思ったことが忘れられません。

妹との会話が、こどもと哲学することの喜びを知ったきっかけでした。年の離れた妹がいなかったら、私の生きる目的も曖昧なものになっていたと思うと、妹が生まれ、一緒に暮らしてくれていたことへの感謝は計り知れません。

大学に入ったばかりで父を亡くした私と、小学生で父を亡くした妹が、社会に出て働くまで、生活のことで困るような状況にならなかったのは、母のおかげでした。

私も一人の保護者になって、子どもを育てることの大変さが少しずつわかりはじめました。若かった母親が気難しい私を相手に格闘していた日々を思うと、やはり感謝の念に尽きません。今も私は、遠くから母に見守られ、すくすく育つ一人の「子ども」です。

そして、いつでも応援してくれる妻。お父さんの思いつきに振り回されながら、私と遊び、「こども哲学」のあるべき姿にアドバイスしてくれる娘たち。高校生だった私は世の中の子どもたちものために生きようと決心しましたが、家族を持てば、やっぱり自分の家族が一番です。家族を巻き込み、振り回し続ける私は、これからも一生かけて自分の家族に恩返しをしていかなければならないでしょう。

本書を執筆するにあたっては、家族のみならず、ワニブックス編集者の大井隆義さんをはじめ、山守麻衣さん、ＮＰＯ法人こども哲学・おとな哲学アーダコーダの皆様、横浜国立大学大学院教育学研究科金馬国晴研究室の皆様、逗子こども哲学教室の子どもたち、そして保護者の皆様に多大なるご協力を賜りました。この場を借りて、お礼申し上げます。

まるで作り話のような実話を最後にひとつ。高校三年生だった私は、校庭に埋めたタイムカプセルに十年後の私への手紙を入れていました。手紙には一言、「あなたは今も、なぜと問い続けていますか」と書かれているだけでした。そこで私は、十八歳だった私自身の出した問いに、この場を借りて返事を書き、本書を締めくくりたいと思います。

十八歳の私へ

お手紙どうもありがとう。
私は今も、なぜと問い続けています。

平成の終わりに

ＮＰＯ法人こども哲学・おとな哲学　アーダコーダ
川辺洋平

川辺洋平 かわべ・ようへい

東京学芸大学教育学部を卒業後、イラストレーターとして活動開始。2007年に広告会社に入社後、2012年より出版社にてクリエイティブ・ディレクターとして勤務。2014年に独立するとともに、NPO法人こども哲学・おとな哲学アーダコーダを設立。保育士、幼稚園教諭、小学校教諭、中学校教諭（美術）、高校教諭（美術）の資格を持つ。編著に『哲学する保育原理』（2018年，教育情報出版）。連載に毎日小学生新聞『本の森』『「ふつう」に生きるということ』、ハフィントンポストジャパン等。

取材協力〈五十音順〉
池田崇、黒木明日丘、高口陽子、河野哲也、安本志帆

Staff
AD　三木俊一
デザイン　守屋圭（文京図案室）
執筆協力　山守麻衣
校正　玄冬書林
編集　大井隆義（ワニブックス）

自信をもてる子が育つこども哲学

“考える力”を自然に引き出す

著者　川辺洋平

2018年8月5日　初版発行

発行者　横内正昭
編集人　青柳有紀
発行所　株式会社ワニブックス
〒150-8482
東京都渋谷区恵比寿4-4-9えびす大黒ビル
電話　03-5449-2711（代表）
03-5449-2716（編集部）
ワニブックスHP　http://www.wani.co.jp/
WANI BOOKOUT　http://www.wanibookout.com/

印刷所　株式会社光邦
DTP　株式会社三協美術
製本所　ナショナル製本

定価はカバーに表示してあります。
落丁本・乱丁本は小社管理部宛にお送りください。送料は小社負担にてお取替えいたします。ただし、古書店等で購入したものに関してはお取替えできません。

ISBN 978-4-8470-9702-7